Rolf Sellin
Wenn die Haut zu dünn ist

Rolf Sellin

Wenn die Haut zu dünn ist

Hochsensibilität – vom Manko zum Plus

Kösel

Alle Fallgeschichten in diesem Buch beruhen auf realen Begebenheiten. Um die Privatsphäre der Betroffenen zu schützen, wurden persönliche Details verändert.

Verlagsgruppe Random House FSC® N001967
Das für dieses Buch verwendete FSC®-zertifizierte Papier
Classic 95 liefert Stora Enso, Finnland.

11. Auflage
Copyright © 2011 Kösel-Verlag, München,
in der Verlagsgruppe Random House GmbH
Umschlag: Elisabeth Petersen, München
Umschlagmotiv: plainpicture/LP, James Godman
Druck und Bindung: GGP Media GmbH, Pößneck
Printed in Germany
ISBN 978-3-466-30884-2

www.koesel.de

Inhalt

7 Vorher
9 Nachher

13 Vorwort: Ein Buch verändert mein Leben

17 Hochsensible: Menschen mit dünner Haut
23 Hohe Sensibilität: Ein Minus im Leben oder ein Plus?
27 *Selbsttest:* Sind Sie hochsensibel?
28 *Test:* Ist Ihr Kind hochsensibel?
32 High Sensation Seekers: Hochsensibel und trotzdem den »Kick« brauchen
34 *Selbsttest:* Hochsensibel und zugleich High Sensation Seeker?

37 Wenn die eigene Wahrnehmung immer nur stört
38 Wie der innere Kampf beginnt
47 Erschwerende Umstände in der Kindheit
55 Das braucht Mut: Hochsensible Männer
59 Sie fallen meist nicht auf: Hochsensible Frauen
62 Zwischen Anpassungsdruck und Idealisierung: Hochsensible Kinder

68 Die eigene Wahrnehmung steuern lernen
78 Selbstzentrierung durch bewusste Wahrnehmung
81 Kraft, Energie und Wachstum durch Abgrenzung
89 Über die Grenzen gehen: Bis es schließlich knallt
100 Voraussetzungen für Abgrenzung
102 Schmerz, Symptom, Krankheit: Wenn der Körper sich meldet

109 Leichter leben im Alltag
109 Stressresistenter werden
117 Hochsensible denken anders
126 Hochsensibel, ahnungsfähig, medial
128 Ignorieren, ausweichen, explodieren: Konfliktverhalten
133 Alles geben: Hochsensible und ihr Beruf
142 Zwischen Sehnsucht und Rückzug: Soziale Kontakte
150 Herausforderung: Hochsensible und Partnerschaft

157 Therapeutische Wege, therapeutische Abwege
157 Womit hohe Sensibilität manchmal verwechselt wird
161 Wie Knoten entstehen
166 Die Knoten lösen

170 Hohe Sensibilität: Ein ständiger Anstoß für die eigene Entwicklung

173 Danksagung
173 Buchempfehlungen
174 Weiterführende Hinweise

Wenn Sie sich in nachfolgendem Text wiederfinden, ist dieses Buch für Sie.

Vorher

Ein typischer Moment
Gerlinde machte sich wieder einmal Vorwürfe, dass sie nicht so unbeschwert war wie ihre Kolleginnen. Die stellten nichts in Frage, rechneten bei ihren Projekten nicht mit Pannen, die eintreten könnten und auf die sie Gerlindes Meinung nach gar nicht richtig vorbereitet waren. Mit ihren Fragen würde sich Gerlinde nicht unbedingt beliebt machen, also ließ sie es. Außerdem hätte sie auch noch gewusst, wie sie den Kolleginnen dann helfen könnte, aber eigentlich war das Angelegenheit der Vorgesetzten und nicht ihre Aufgabe. Und jetzt warf sich Gerlinde auch noch vor, dass sie sich mal wieder den Kopf von anderen zerbrach.

Die Kolleginnen waren längst in der Mittagspause. Zuerst hatte sie mit Erleichterung auf die Ruhe reagiert, doch jetzt bedrängten sie andere Reize: das Rauschen der Klimaanlage, ein leises Pfeifen in den Heizkörpern, das Anfahren des Aufzugs, die Gebläse von Laptops, tickende Uhren … Obwohl sie eigentlich noch ein wenig mehr Zeit gebraucht hätte, die Arbeit sauber abzuschließen, fühlte sie sich gedrängt, es ihren Kolleginnen gleichzutun, und brachte die Arbeit irgendwie zu Ende. Sie machte oberflächlich Ordnung auf dem Tisch, obwohl sie das nicht mochte, weil es dann noch schwerer war, etwas zu finden, doch welchen Eindruck hätte ihr Schreibtisch sonst gemacht?

Auf dem Weg war sie halb noch am Arbeitsplatz, halb schon in der Kantine. Sollte sie überhaupt essen gehen oder lieber einen Spaziergang machen? Aber nachher hieß es wieder, sie wäre eigenbrötlerisch. Als sie bei den Kollegen aus dem Marketing vorbeikam, bezog sie deren Lachen auf sich. Vielleicht sollte sie erst einmal in den Spiegel schauen, ob irgendetwas an ihr nicht in Ordnung war? Sie blickte an sich selbst herunter, ob sie etwas Auffälliges entdecken könnte. Dem Hausmeister, der ihr mit einer Leiter entgegenkam, versuchte sie zuerst zu der einen Seite auszuweichen, dann zur anderen. Durch eine geschickte Drehung der Leiter verhinderte er noch rechtzeitig einen Zusammenstoß.

In der Kantine schlugen die ganzen Eindrücke über Gerlinde zusammen; das gleißende Licht, rivalisierende Essensgerüche, die nicht zusammenpassten, das Stimmengewirr in Konkurrenz zum Geklapper von Besteck, das metallische Kratzen einer Suppenkelle, das sie zusammenfahren und ihre Zähne schmerzen ließ.

Da kam Herr Stechel auf sie zu und nötigte ihr wieder ein dienstliches Gespräch auf, mitten vor der Essensausgabe. Sie ließ alles über sich ergehen, konnte sich kaum konzentrieren in dieser Umgebung. Je mehr ihr alles zu viel wurde, desto häufiger sagte sie Ja und Amen. Zugleich wusste sie, dass sie das später wieder einmal bereuen würde.

Endlich war sie ihn los. Wo sollte sie sich nur anstellen? Ohne zu wissen, was es hier gab, wählte sie die kürzeste Schlange als das geringste Übel. Kaum hatte sich jemand hinter sie gestellt, spürte sie auch schon dessen Ungeduld. Von vorn wurde sie gebremst, von hinten bedrängt, und sie stand dazwischen. Sie reagierte mit einem Schweißausbruch. Und dann plagte sie auch noch die Angst, sie selbst könnte einen schlechten Geruch verströmen, der den anderen den Appetit verderben würde. Sie hielt die Spannung nicht mehr aus. Welchen Eindruck würde es machen, wenn sie jetzt aus der Schlange ausscherte? Hielt man sie dann für unentschieden? Oder für zu sensibel? Für zu wenig belastbar? Wenn das so weiterging, würde sie gleich einen Druck auf die Blase spüren, der sie zwingen würde, die Toilette aufzusuchen. Der Gedanke daran reichte, und schon spürte sie den Drang. Am besten, sie entzog sich rechtzeitig, solange sie noch kein Tablett trug, und verzichtete ganz auf das warme Essen. Am Kuchenstand kam man gleich dran. Obwohl sie abnehmen wollte, aß sie etwas Süßes. Das war am einfachsten. Jetzt hieß es nur noch, einen ruhigen Platz irgendwo am Rand zu finden, auch wenn es ihr nicht leichtfiel, in dem ganzen Durcheinander der Kantine das Tablett so weit zu balancieren, denn sie fühlte sich am Ende ihrer Kräfte. Da winkte ihr auch schon Frau Welz und machte den Platz neben sich frei. Wie sollte sie da ablehnen? Also lächelte Gerlinde und strebte dem für sie vorgesehenen Platz zu. Sie wusste schon, was sie jetzt erwartete. Frau Welz würde wieder einmal ihre ganzen Probleme vor ihr ausbreiten. Eine Seite in ihr fühlte sich dadurch geehrt, denn Frau Welz teilte schließlich nicht mit jedem ihre Probleme. Auch gefiel ihr die Tiefe in den Gesprächen, wenn es um so wichtige Lebensthemen wie die Ehe ging. Und Gerlinde fielen ja auch immer gute Lösungen für die Probleme anderer ein, auch wenn Frau Welz noch jeden ihrer Vorschläge ausgeschlagen hatte.

Heute wollte Gerlinde auch einmal etwas Privates loswerden. Als sie von sich zu sprechen begann, hatte Frau Welz plötzlich etwas Dringliches zu erledigen und musste schnell aufbrechen.

Wenn Sie sich in nachfolgendem Text wiederfinden *möchten*, ist dieses Buch auch für Sie.

Nachher

Ein typischer Moment

Bevor sie in die Mittagspause ging, nahm sich Gerlinde die Zeit, die sie brauchte, um ihre Arbeit in Ruhe abzuschließen. Sie ordnete den Schreibtisch, verschaffte sich den Überblick über das, was zu erledigen war, ordnete die Aufgaben nach Dringlichkeit und Wichtigkeit. Wenn etwas Unerwartetes und vielleicht Brandeiliges auf sie zukam, dann würde sie sich auch dem gewachsen fühlen. Sie hatte akzeptiert, dass sie manchmal für ihre Arbeit etwas länger brauchte, und wusste ihre Umsicht und Verantwortlichkeit ebenso zu schätzen wie ihr Chef.

Sie sammelte sich kurz, bevor sie sich auf den Weg in die Kantine machte. Der Begriff »sich sammeln« machte sie schmunzeln. Sie hatte tatsächlich das Gefühl, als würde sie ihre Aufmerksamkeit und damit ihre Energie aus allen möglichen Winkeln der Arbeitsabläufe zurückpfeifen und wieder auf sich selbst konzentrieren. Sie nahm nun ihren Körper wieder intensiver wahr und ihre Atmung, die zugleich ruhiger und tiefer wurde. Dadurch fühlte sie sich auch insgesamt stärker. Die Spannungen im Kopfbereich, zu denen es hin und wieder noch kam, ließen deutlich nach. Ab und zu konzentrierte sie noch viel zu viel Energie im Kopf, obwohl sie wusste, wie sie leichter und entspannter arbeiten konnte.

Auf dem Weg zur Kantine vernahm sie das muntere Plaudern der Marketing-Kollegen. Sie registrierte es und grüßte freundlich. Die Kollegen grüßten zurück. Nein, so reagierte man nicht auf jemanden, der Gegenstand des Gesprächs war. Aus welchem Grund sollte sie auch der Mittelpunkt ihres Gesprächs sein? Wenn sie bei sich war, interessierte sie das im Übrigen wenig.

Früher hatten alle möglichen Stimmungen anderer Menschen automatisch auf sie abgefärbt. Gerlinde beschloss, die Heiterkeit der Kollegen jetzt ganz bewusst zu übernehmen, ohne den Anlass ihrer guten Laune zu kennen. Mit dieser Stimmung betrat sie die Kantine. Sie freute sich darüber, wie das Licht durch das Seitenfenster auf die Pflanzen fiel. Ihre Blätter warfen eigenartig geformte Schatten auf den Boden, die sie an Werke von Matisse erinnerten. Weil sie bei sich war und ihre Aufmerksamkeit selbst lenkte, registrierte sie nur die Geräuschkulisse in der Kantine, ohne dass die Lautstärke und das Durcheinander der Stimmen sie tangierten. Da stürzte mal wieder Kollege Stechel auf sie zu und wollte ihr ein dienstliches Gespräch aufdrängen. Heute wirkte es so, als würde er kurz vor ihr abbremsen. Ehe er losreden konnte, kam sie ihm zuvor und kündigte ihm an, ihn gegen 14 Uhr wegen einer Frage anzurufen. Dann könne er alles Weitere mit ihr besprechen. Mit einem freundlichen Lächeln ließ sie ihn hinter sich.

Vor der Essensausgabe nahm sie sich Zeit herauszufinden, welches Gericht ihr schmecken würde. Das war zugleich ein gutes Training dafür, ihre Bedürfnisse besser wahrzunehmen und für sich zu sorgen. Außerdem konnte sie eine Entscheidungsmethode ausprobieren. Wie würde sich ihr Körper fühlen nach dem Verzehr von weichen Spaghettis mit einer rotbraunen Soße und blassen Klößchen, nach dem Genuss von bayerischem Schweinsbraten mit Kartoffeln und Kraut oder nach dem Gemüseeintopf Gärtnerin? Sie prüfte noch einmal und entschied sich für den Gemüseeintopf, der ein stimmiges Gefühl im Bauch hervorrief, auch wenn sie dafür Schlange stehen musste. In der Reihe grenzte sie sich nach hinten ab, nach vorn ließ sie sich genügend Abstand, auch wenn die Kollegin von hinten stärker zu drängen versuchte. Das Schlangestehen erinnerte sie an ihre Aufenthalte in London, an das Warten auf die Doppeldeckerbusse. Und schon hielt sie das Tablett mit dem gewünschten Gemüseeintopf in ihren Händen.

Nachdem sie Frau Welz kürzlich die Telefonnummer eines Ehe-Therapeuten in die Hand gedrückt hatte, winkte diese nun nicht mehr, um sie an ihren Tisch zu lotsen. In wessen Gesellschaft würde sie heute gern essen? Oder brauchte sie die Nachbarschaft von Kollegen, die auch mit sich selbst beschäftigt waren? Doch allein sein, das konnte sie immer noch. Wie wäre es, einmal mit Herrn Steiner und Frau Küfner ins Gespräch zu kommen? Die waren ihr sympathisch. Gerlinde grüßte und fragte, ob der Platz neben ihnen frei wäre.

Das fiktive Beispiel von Gerlinde zeigt: Dass jemand hochsensibel ist, sagt nichts darüber aus, ob diese Person zufrieden oder unzufrieden ist, glücklich oder unglücklich, erschöpft oder energiegeladen. Es gibt Hochsensible, die unter ihrer Sensibilität leiden, während andere ihre Veranlagung konstruktiv zu nutzen wissen.

Möchten Sie lernen, wie sich Hochsensibilität von einem Manko in ein Plus verwandeln lässt? Dann seien Sie herzlich willkommen.

Vorwort: Ein Buch verändert mein Leben

Als ich vor einigen Jahren an einem sonnigen Septembernachmittag in Santa Barbara/Kalifornien eine Buchhandlung betrat, ahnte ich noch nicht, dass dieser Moment mein Leben nachhaltig verändern würde. Ich stieß auf ein Buch mit dem Titel *The Highly Sensitive Person*. Das könnte interessant sein, dachte ich beim ersten Blick auf den Umschlag. Als ich den Untertitel las – »How to thrive when the world overwhelms you« (Wie soll man gedeihen, wenn die Welt einen überwältigt) –, begann mein Herz stärker zu klopfen: Das kannte ich als Lebensgefühl seit meiner Kindheit. Ich kaufte dieses und auch die anderen Bücher der Autorin Elaine N. Aron. Dann las ich und las. Da beschrieb jemand mich und meine Situation.

Es blieb nicht bei dem guten Gefühl, mich erkannt und verstanden zu fühlen. Mehr noch: Meine bisherige Arbeit hatte endlich ihr Zentrum gefunden, das mir selbst bis dahin verborgen geblieben war. Denn um mich selbst zu verstehen und um heil zu überleben, hatte ich eine Reihe von psychotherapeutischen Ausbildungen gemacht, mir alle möglichen Techniken und Methoden angeeignet oder selbst entwickelt und sie in Seminaren und Einzelsitzungen für andere, denen es ähnlich ging, angeboten. Dazu gehörten die Steuerung der eigenen Wahrnehmung und die bewusste Verarbeitung von Reizen bis hin zur Reduzierung von Schmerzen. Es ging um Selbstzentrierung, Methoden der Abgrenzung oder der bewussten Durchlässigkeit und den inneren Abstand sich selbst oder anderen gegenüber. Dann kamen Techniken zum Stressabbau bis hin zur Veränderung der eigenen Denkgewohnheiten und Gefühlsmuster ... Es ging mir dabei also um einen *konstruktiven Umgang mit der hohen Sensibilität*, auch wenn mir dieser Begriff bis dahin gefehlt hatte. Jetzt konnte ich

...it noch konzentrierter zusammenfassen für die an... ...ensiblen, denen es ebenso ging wie mir. Sie hatten ... und waren damit leichter erreichbar.

Hochsensibilität – wie lässt es sich mit dieser Veranlagung gut leben?

Ich beschränke mich in diesem Buch nicht auf die Beschreibung des Wesens von Hochsensiblen und die Darstellung der vielfältigen Probleme, die mit dieser Anlage verbunden sein können. Mir genügt es auch nicht, Ihnen das kurzzeitige Gefühl eines hohen Selbstwerts zu vermitteln. Wichtiger noch ist folgende Frage: Wie kommt es dazu, dass manche Hochsensible glücklich, innerlich reich und äußerlich erfolgreich mit ihrer Begabung leben, während sie anderen eher wie eine Last erscheint? Was ist mit den weniger glücklichen Hochsensiblen passiert, die unter ihrer Anlage leiden? Was genau läuft in ihnen ab? Wie nehmen sie wahr? Wie verarbeiten sie die Reize? Wie verhalten sie sich? Auf welche Weise erschaffen sie ihre Situation? *Und wie kann man anders wahrnehmen, denken, fühlen, kommunizieren und mit seiner Energie umgehen, sodass sich die Gabe der hohen Sensibilität als Segen auswirkt? Denn das ist möglich. Auch für Sie.*

Lernen, sich abzugrenzen

Bei meinen Klienten und in meiner eigenen Vergangenheit bin ich immer wieder auf verfehlte Anpassungsversuche gestoßen, auf die müßigen Versuche, doch »nicht so sensibel zu sein«. Es sind genau diese vergeblichen Bemühungen, nicht so zu sein, wie man ist, und nicht so wahrzunehmen, wie man wahrnimmt, die erst zu den so häufig beklagten Problemen mit unserer Begabung führen. Geopfert wird dabei die Selbstwahrnehmung, die erst mit Verzögerung und dann drängend zurückkehrt. *Wer sich nicht rechtzeitig wahrnimmt, kann auch nicht gut für sich sorgen.* Er ist nicht bei sich selbst, nimmt seine eigene Position im Leben nicht ein. Verbunden damit sind gewöhnlich Energieverluste im Kontakt mit der Außenwelt und Abgrenzungsprobleme. Wer bewusst wahrnimmt, zentriert ist und sich abgrenzen kann, hat auch mehr Energie.

Was sind überhaupt Grenzen? Selbst nach der Lektüre mancher Bücher zum Thema Abgrenzung könnte man den Eindruck bekommen, dass Grenzen etwas Willkürliches seien. Mir ist wichtig zu zeigen, dass die Grenzen eines Menschen eine ganz körperlich-sinnliche und konkrete Grundlage haben. Dass sich aus fehlender Abgrenzung Konflikte ergeben, muss kaum erwähnt werden. Erst wenn Hochsensible gelernt haben, sich abzugrenzen, und ihre Konfliktfähigkeit – häufig ein weiteres Defizit – entwickelt haben, können sie ihre besondere Begabung für Freundschaften und Partnerschaft wirksam zur Geltung bringen. Konkrete Übungen zum Wahrnehmen und Setzen Ihrer eigenen Grenzen finden Sie in diesem Buch.

Die spezielle Art der Wahrnehmung der Hochsensiblen hat weitere Folgen: Wer so viele Reize aufnimmt, hat viel zu viele Informationen zu verarbeiten. Hochsensible denken tatsächlich anders. Oft können sie das besondere Potenzial, das darin steckt, erst nutzen, wenn sie ihr Denken selbst zum Gegenstand ihrer Wahrnehmung und ihres bewussten Denkens machen. All das hat zu tun mit der besonderen Reizaufnahme von uns Hochsensiblen. Darum stehen die Wahrnehmung und der bewusste Umgang mit ihr im Zentrum meiner Arbeit.

Da die Situation von hochsensiblen Männern, hochsensiblen Frauen und hochsensiblen Kindern durchaus sehr unterschiedlich sein kann, finden Sie in diesem Buch Abschnitte, die speziell auf ihre jeweiligen Besonderheiten und Anforderungen eingehen.

Was Sie gewinnen können
Inzwischen ist in der Literatur zum Thema die Situation der Hochsensiblen oft genug beschrieben, oft beklagt und manchmal

sogar beschönigt worden. *Es ist an der Zeit, Wege aufzuzeigen, wie wir selbst aktiv und konstruktiv mit der hohen Sensibilität umgehen können, damit sie zum Segen wird für uns und für andere.* Die Besinnungsfragen, Experimente und Übungen dieses Buches ermöglichen einen selbstbewussten und lösungsorientierten Umgang mit der Begabung der hohen Sensibilität. So werden Sie Ihre eigene Situation nicht nur besser verstehen, sondern gewinnen auch Motivation für einen anderen Umgang mit sich selbst. Sie entdecken Wege zur Entfaltung Ihrer Begabung. Wer seine Wahrnehmung selbst steuernd und dosierend in die Hand nimmt, der verändert sein ganzes Leben.

Alle Fehler, die man als Hochsensibler machen kann, kenne ich aus eigener Erfahrung. Und wenn ich nach der Wirksamkeit meiner Arbeit gefragt werde, dann muss ich nicht von den Erfolgen meiner Klienten und Seminarteilnehmer berichten, sondern verweise auf meine eigene Person. Ich kenne das Vorher und Nachher. Von meinen Erkenntnissen über die mentalen und energetischen Vorgänge bei der Wahrnehmung und Reizverarbeitung bei uns »Highly Sensitive Persons« und von meiner Arbeit mit anderen Betroffenen gebe ich in diesem Buch einen konzentrierten Eindruck. Möge es Sie begleiten auf Ihrem Weg zu einem unbeschwerteren und kraftvolleren Leben, in dem Sie Ihre Hochsensibilität nicht mehr als Manko erleben, sondern als Plus.

Hochsensible: Menschen mit dünner Haut

Hochsensible sind meist offener für psychologische Themen als andere Menschen. Sie wollen sich und die Welt verstehen. Sie sind bereit, hinter die Kulissen zu schauen und sich und die Welt infrage zu stellen. Viele Hochsensible erkennen, dass sie aufgrund ihrer Wahrnehmung eigentlich gar keine andere Wahl haben als die zwischen dem Leiden an sich selbst und der Welt einerseits und auf der anderen Seite dem Weg hin zu mehr Bewusstheit und der Entwicklung von Bewusstsein.

Der Beitrag der Hochsensiblen
Die meisten Hochsensiblen sind von dem tiefen Wunsch beseelt, die Welt menschlicher zu gestalten, und sie sind bereit, das Ihre dafür zu bewirken. Und genau darin kann ihr Beitrag für die Gesellschaft liegen. Denn sie sind es, die es als Erste merken, wenn etwas ungerecht ist oder nicht stimmig. Sie erkennen als Erste, was fehlt. Und oft sind sie die Vorreiter, die zuerst die Auswirkungen zu spüren bekommen, wenn die Menschlichkeit zu kurz kommt.

Hochsensible müssen einen größeren mentalen Aufwand treiben und brauchen ein gewisses Know-how, wenn sie sich seelisch gesund erhalten, sich privat und beruflich entfalten wollen. Sie müssen sich ständig klären und mehr innere Arbeit leisten, um sich nicht zu verstricken in innere und äußere Konflikte und Anforderungen, denen sie ausgesetzt sind. Doch in dieser inneren Arbeit liegt zugleich auch ein großer Gewinn. Denn genau das schätzt man als Hochsensibler: die Entwicklung von Bewusstheit. – Und dann verfügt man plötzlich über einen wunderbaren Schatz: über großen inneren Reichtum. Für die Gesellschaft ist das ein wertvoller und wichtiger Beitrag für mehr Menschlichkeit. Niemand könnte ihn besser leisten als die Hochsensiblen!

Wenn ein Hochsensibler durch den Wald geht, nimmt er mehr Eindrücke auf als seine weniger sensiblen Begleiter. Zwischen dem Wahrgenommenen und anderen Dingen und Erscheinungen kann er auch mehr Zusammenhänge erkennen. Wenn er ins Konzert geht oder in ein Museum, dann müsste er eigentlich mehr zahlen als andere Besucher, weil er durch seine Wahrnehmungsfähigkeit einfach mehr erleben und genießen kann, vorausgesetzt dass die Eindrücke ihn nicht schon überfordern, wie es mir früher zuweilen geschah. Auch wenn das Leben keine besonderen äußeren Ereignisse aufweist, kann das Erleben eines Hochsensiblen intensiv und dicht sein. (Darum brauchen wir eigentlich auch keine besonderen Kicks oder Sensationen, es sei denn, wir gehören einem ganz besonderen Typ von Hochsensiblen an, auf den wir auf S. 32 noch gesondert eingehen.)

Mehr Reize aufnehmen als andere – und das intensiver. Das gilt auch für die Schattenseiten des Lebens. Hochsensible Menschen können überflutet werden von all dem Elend in der Welt, von der Not und der Ungerechtigkeit, von Schmerz und Leid. Sie können durch dieses Mitleiden das Leid noch weiter vermehren, so davon überwältigt und geschwächt werden, dass sie selbst dadurch handlungsunfähig werden. Und umso tiefer kann der Schmerz sie dann treffen.

Hohe Sensibilität heißt übrigens nicht unbedingt, *tiefer* zu fühlen als andere. Neben Hochsensiblen, die sehr stark empfinden, gibt es auch Hochsensible, die weniger tiefe Gefühle entwickeln. Und dennoch leiden auch sie unter dem Zuviel an Reizen, das sie aufnehmen, denn sie müssen die vielen Reize ja auch verkraften und die Informationen verarbeiten.

Überhaupt gibt es ganz unterschiedliche Kombinationen der hohen Sensibilität mit anderen Begabungen und Eigenschaften, wie etwa der Hochbegabung.

> **HOCHSENSIBEL GLEICH HOCHBEGABT?**
> Hohe Sensibilität bedeutet zunächst nur, dass ein Mensch mehr Reize aufnimmt als andere und das intensiver. Es sagt nichts darüber aus, ob jemand stark oder schwach ist, introvertiert oder extrovertiert, über welche anderen Begabungen er sonst noch verfügt oder wie intelligent ein Mensch ist, auch wenn deutliche Zusammenhänge zwischen hoher Intelligenz und hoher Sensibilität bestehen. Es gibt alle Arten von Hochsensiblen. Darüber hinaus bleibt offen, wie ein Mensch mit seiner hohen Sensibilität umgeht, ob er sie konstruktiv zu nutzen versteht oder ob er unter ihr leidet.

Die Reizaufnahme – ein entscheidendes Kriterium

So wie man einen Kuchen ganz unterschiedlich anschneiden und aufteilen kann, so kann man die Menschen auch nach unterschiedlichen Gesichtspunkten unterteilen, z.B. nach Blutgruppen, Augenfarbe oder Körpergröße. Da wir in einer Zeit leben, in der die Menschen immer mehr Reizen und Informationen ausgesetzt sind, macht es Sinn, Menschen unter dem Kriterium der Reizaufnahme zu betrachten. Menschen, die sensibler und intensiver wahrnehmen, haben mehr Last mit der Reizüberflutung als Menschen, die weniger Reize aufnehmen. Sie werden an ihrer empfindlichsten Stelle getroffen und sind herausgefordert, mit ihrer besonderen Art, Reize aufzunehmen und zu verarbeiten, konstruktiv umzugehen, wenn sie nicht darunter leiden oder gar zusammenbrechen und scheitern wollen.

Von der Wissenschaft lange übersehen

Woran es genau liegt, dass es uns Hochsensible gibt, die anders, mehr, tiefer und feiner wahrnehmen als andere, ist noch nicht genügend erforscht. Ist die Ursache ein feiner ausgeprägtes Nervensystem? Könnte es daran liegen, dass Hochsensible mehr Rezeptoren im Gehirn ausbilden? Produzieren sie aus irgendwelchen

> **VORREITERIN ELAINE N. ARON**
> Der amerikanischen Psychologin Elaine N. Aron gebührt das Verdienst, die hohe Sensibilität aus fachlicher Sicht zur passenden Zeit »entdeckt« und den Begriff *Highly Sensitive Person* geprägt zu haben. Im Rahmen einer Therapie, die sie bei einer Kollegin machte, stieß sie auf die Bemerkung ihrer Therapeutin: »Sie sind ja auch eine hochsensible Person.« Sie stutzte bei dieser Formulierung. Das Thema der hohen Sensibilität hatte in ihrem Studium keine Rolle gespielt, und auch ihre Nachforschungen zeigten, dass sie – so erstaunlich es klingt – Neuland betreten hatte.
> 1996 veröffentlichte Elaine N. Aron ihr erstes Buch zum Thema »The Highly Sensitive Person« mit dem genialen Untertitel, mit dem sie das Lebensgefühl der Hochsensiblen auf den Punkt bringt: »How to thrive when the world overwhelmes you« – »Wie soll man gedeihen, wenn die Welt einen überwältigt«. Weitere Titel folgten.

Gründen mehr Botenstoffe? Und wenn ja, welche? Haben sie mehr Spiegelzellen, sodass sie sich dadurch leichter in die Situation anderer hineinversetzen können? Gibt es eine Ursache für diese Begabung oder müssen mehrere Ursachen zusammenkommen? All das sind Fragen an die Wissenschaft. Wir dürfen auf Forschungsergebnisse gespannt sein!

In den letzten Jahren ist der renommierte amerikanische Entwicklungspsychologe Jerome Kagan zusammen mit einer Forschergruppe der Frage nachgegangen, ob persönliche Wesenszüge, die man bereits beim Kleinkind wahrnehmen kann, stabil sind oder ob sie durch Umweltfaktoren im Laufe des Lebens stark beeinflusst werden. Kagan konnte wissenschaftlich nachweisen, dass das Temperament, mit dem man geboren ist, sich wie ein roter Faden auch durch das weitere Leben zieht.

Theoretisch kann es je nach Sichtweise und Fragestellung Hunderte von unterschiedlichen Temperamenten geben, Kagan hat seine Studien ausgerechnet am Beispiel der Beeindruckbarkeit und Reaktion auf Reize durchgeführt. Dabei fand er heraus, dass etwa 20 Prozent der Probanden, die er kontinuierlich als Babys, als Kleinkinder und später als Teenager und junge Erwachsene testete, besonders empfindlich reagierten. Er nennt diese Gruppe »high reactors«, die deutlich von der Gruppe der »low reactors« abgegrenzt werden kann, zu der rund 40 Prozent der Untersuchten gehören.

Auch wenn Kagan in seiner Veröffentlichung *The Temperamental Thread* den Begriff Hochsensibilität nicht verwendet, hat er mit seiner Langzeitstudie den Erkenntnissen von Elaine N. Aron eine indirekte wissenschaftliche Bestätigung gegeben. Die Verbreitung der Hochreaktiven deckt sich nahezu mit ihren Angaben, dass 15 bis 20 Prozent aller Menschen zur Gruppe der Hochsensiblen gehören. »Hochreaktivität« ist laut Kagan – ebenso wie von Aron bei der Hochsensibilität angenommen – erblich. Die Hochreaktiven zeigten bei hirnorganischen Untersuchungen übrigens Auffälligkeiten in der Amygdala und im Präfrontalen Kortex.

Bisher hat die Wissenschaft sich jedoch noch nicht in ausreichendem Maße mit diesem Phänomen beschäftigt. Das statistische Vorgehen in Verbindung mit der Grundannahme, dass alle Menschen gleich wären, könnte der Erforschung der hohen Sensibilität im Wege gestanden haben. Die Wissenschaft ist offenbar mehr interessiert an Ergebnissen, die für jeden gelten – angeblich für jeden. Ein Beispiel: Arzneimittelstudien werden üblicherweise an Männern einer bestimmten Altersgruppe durchgeführt. Die Ergebnisse werden dann auch auf ältere Männer und auf Frauen und Kinder übertragen, auch wenn Frauen und Kinder hormonell ganz anders ausgestattet sind. Und wenn es dann auch noch die Gruppe der Hochsensiblen gibt, wird es sogar noch komplizierter: Hochsensible wissen aus eigener Erfahrung, dass meist schon sehr viel geringere Dosen eines Medikaments als verordnet auf sie die volle Wirkung haben.

Von der Psychologie lange übersehen
Nicht einmal die Psychologie hat dem Phänomen, dass es Menschen gibt, die anders wahrnehmen als andere, die gebührende Beachtung geschenkt. Wen wundert es, dass Psychotherapeuten ihnen oft nicht helfen konnten?

> **FRÜHE AUSNAHME**
> Eine Ausnahme ist Ernst Kretschmer (1888–1964), Professor für Psychiatrie und Neurologie, bekannt für seine Konstitutionstypenlehre, in der er zwischen Körperbautypen und den Möglichkeiten, an bestimmten Psychosen zu erkranken, Zusammenhänge aufzeigt. In seinem Werk *Medizinische Psychologie* stellte er bereits in den 20er-Jahren des 20. Jahrhunderts die Wesenszüge von Hochsensiblen dar. Er bezeichnet sie als »sensitive Reaktionstypen«. Er bemerkt auf der einen Seite ihre »außerordentliche Gemütsweichheit, Schwäche und zarte Verwundbarkeit, auf der anderen Seite aber einen gewissen Einschlag von selbstbewusstem Ehrgeiz und Eigensinn. Sie zeigen ein stark verinnerlichtes Gemütsleben, das seine nachhaltigen gespannten Affekte tief in sich verschließt, eine verfeinerte Selbstbeobachtung und Selbstkritik, eine skrupulöse Ethik und die Fähigkeit zu echtem altruistischen Empfinden. Ernsthafte Menschen von schüchternem, bescheidenem Auftreten«, so beschreibt er sie und nennt auch »Stolz und Strebsamkeit« als Eigenschaften. Seine Entdeckung führte zu Schlussfolgerungen, die heute als antiquiert erscheinen müssen, und sie kam offenbar zu früh: Die Qualitäten, die ein Hochsensibler in die Waagschale werfen kann, waren damals auch im Berufsleben noch gefragt und galten etwas: Umsicht, Verantwortungsgefühl und Gewissenhaftigkeit, Bescheidenheit und Hilfsbereitschaft.

Viele Hochsensible berichten davon, dass in Psychotherapien nur an den Folgen ihrer andersgearteten Reizaufnahme herumkuriert wurde, z.B. an ihrer Schüchternheit, an Ängsten und Depressionen, an ihrer geringeren Stressresistenz und an chronifizierten

Krankheitssymptomen. Ihre Art der Wahrnehmung wurde meist nicht einmal thematisiert. Dass Therapeuten mit ihren für Hochsensible oft nicht geeigneten Therapien selbst noch mehr Depression und Resignation bewirkt haben, wurde meist nicht einmal zur Kenntnis genommen.

Wichtiger als der bisherige Stand der Psychologie ist die Tatsache, dass wir Hochsensiblen uns selbst als hochsensibel erleben: Wenn ich unsere Wesenszüge in einem Vortrag beschreibe, atmen viele Hochsensible unter den Zuhörern hörbar auf. Sie fühlen sich erkannt und verstanden. Sie erfahren, dass sie nicht allein sind: Es gibt noch mehr Menschen, die sich und die Welt so erleben. Wir sind also gar nicht verkorkst. Es hat uns zuvor nur noch niemand mitgeteilt, wie man mit der hohen Sensibilität umgehen kann, ohne daran zu leiden.

Hohe Sensibilität: Ein Minus im Leben oder ein Plus?

Hohe Sensibilität ist eine Begabung. Das sagt jedoch noch nichts darüber aus, ob ein Begabter diese Anlage auch als Gabe erkannt hat und ob er sie konstruktiv nutzen kann.

Wer sensibler wahrnimmt als andere, der kann potenziell auch mehr Freude, Lebensglück und inneren Reichtum erfahren. Darüber hinaus kann sich hohe Sensibilität auch förderlich auswirken auf den äußeren Erfolg eines Menschen. In allen Lebensbereichen kann die hohe Sensibilität von Vorteil sein, für den Hochsensiblen selbst und für seine Mitmenschen: Da ist die Abteilungsleiterin, die genau wahrnimmt, in welchem Maße sie welchen Mitarbeiter belasten kann, der Verkäufer, der genau spürt, was der Kunde wünscht, der Ingenieur, der ahnt, in welche Richtung eine technische Entwicklung sich bewegt, der Techniker, der ein besonderes Händchen hat beim Aufspüren von Störungsursachen, die Galeristin, die das Entwicklungspotenzial von Künstlern wahrnimmt und die aussichtsreichsten schon früh an ihre Galerie bindet, der hochsensible Leistungssportler, der genau weiß, wie weit er sich belasten darf und ab wann sein Training ihm schaden könnte, die Mutter, die genau einschätzen kann, in welchem Maße sie ihrem Kind helfen darf und ab wann ihre Hilfe das Kind schwächen und unselbständig halten würde.

Doch auch solche Hochsensiblen gibt es: diejenigen, die ihre eigenen Bedürfnisse übersehen, weil sie die der anderen so überdeutlich spüren, die nicht für sich sorgen und deshalb immer zu kurz kommen und dann unzufrieden sind, die, die allen Konflikten ausweichen und nicht in der Lage sind, ihre eigene Position rechtzeitig zu erkennen und zu vertreten, und die dann doch nur im Streit mit anderen leben. Solche, die an ihrem eigenen Anspruch an ihre Arbeit scheitern, weil sie nicht nur das Geforderte leisten wollen, sondern sich weit mehr abverlangen, die sich die Probleme anderer auflasten und gar nicht mehr dazu kommen, ihre eigenen wahrzunehmen, die immer nur das Störende bemerken und an all den vielen anderen Möglichkeiten des Lebens vorbeigehen.

IMMER NUR EDEL, HILFREICH UND GUT?

In der Literatur wird bisher das einseitige Bild der sanften und edlen Highly Sensitive Persons gepflegt. Unsere Schattenseiten fallen unter den Tisch. Mit Beschönigungen und halben Wahrheiten ist jedoch niemandem gedient. Am wenigsten den Betroffenen. Wir Hochsensiblen haben eigentlich nur eine Wahl: Wir können es dabei belassen, unsere Wahrnehmung mehr oder weniger zu erleiden, oder wir können uns dafür entscheiden, zu lernen, bewusst und konstruktiv mit unserer Begabung umzugehen.

Hohe Sensibilität: Eine Begabung fürs Leben

Auch wenn wir uns immer noch als vereinzelt und als Außenseiter erleben, hohe Sensibilität ist stärker verbreitet, als wir denken: 15 bis 20 Prozent der Bevölkerung gehören dazu.

Hochsensible sind also durchaus nicht selten. Dass sie kaum bemerkt werden und sie sich gewöhnlich als vereinzelt erleben, mag damit zu tun haben, dass die meisten Hochsensiblen gelernt haben, sich anzupassen und ihr Wesen zu verleugnen. Hochsensible ecken immer dann an, wenn ihre Sensibilität stört, z.B. wenn sie überreizt reagieren, weil sie ganz offensichtlich überfordert sind. Ein Hochsensibler, der anderen hilfsbereit und einfühlsam nützt, ist durchaus willkommen, er fällt jedoch aufgrund seines eher zurückhaltenden und bescheidenen Wesens kaum auf.

Man könnte vielleicht denken, dass die hohe Sensibilität eine Folge der westlichen Zivilisation wäre, doch Hochsensible gibt und gab es in allen Völkern und Kulturen. Unterschiedlich können jedoch die Bewertung und der Umgang mit dieser Eigenschaft sein. So gibt es Kulturen, in denen Hochsensible besonders geschätzt sind, und andere, in denen der Druck, sich anzupassen, besonders hoch ist. In Zeiten, in denen z.B. von der Jugend gefordert wurde, »zäh wie Leder, hart wie Kruppstahl und flink wie Windhunde« zu sein, hat sie wohl die geringste Achtung erfahren.

Die Anlage der hohen Sensibilität bleibt nicht nur auf die Menschen beschränkt, man findet sie ebenso im Tierreich. Es dient dem Überleben einer Herde, wenn einige Exemplare hochsensibel sind. Sie sind es, die Gefahr als Erste wahrnehmen und die anderen warnen. Selbst bei vereinzelt lebenden Tierarten bietet ein Anteil von Hochsensiblen einen Überlebensvorteil. Die Hochsensiblen lassen sich nicht in Kämpfen um Nahrungsquellen aufreiben, sondern ziehen sich zurück und suchen ihr Heil im Ausweichen. Der Überlebensvorteil der Hochsensiblen liegt gerade in dem, was für viele Hochsensible zur Last geworden ist: in ihrer differenzierten und über den Tellerrand weit hinausgreifenden Wahrnehmung.

Vererbung: Zusammenwirken von Genen und Umwelteinflüssen
Elaine N. Aron geht von der Erblichkeit der hohen Sensibilität aus. Als zusätzlichen Faktor bei der Ausprägung der hohen Sensibilität nennt sie den Rückhalt, den der kleine Mensch bei seiner Entdeckung der Welt erhält. Ermöglicht ihm die Anwesenheit der Eltern ein Gefühl der Sicherheit bei seinen ersten eigenen Schritten? Oder findet er keinen verlässlichen Rückhalt? Wird das Kind zurückgehalten, wenn es ein wenig Selbständigkeit wagen will? Wird dem Kind vielleicht sogar Angst gemacht?

Greift dieses Konzept vielleicht etwas zu kurz? Gewiss, mit den Genen wird die Anlage vererbt, die Gabe der hohen Sensibilität. Doch es gibt noch eine andere Art der Vererbung. Und sie entscheidet mit darüber, ob hohe Sensibilität zum Problem wird oder ob sie sich zum Vorteil für den Begabten auswirkt. Hochsensible Eltern geben auch ihre eigene Einstellung zur hohen Sensibilität und ihre Probleme, die sie mit ihr haben, weiter. Können sie diesen Wesenszug an sich annehmen oder lehnen sie ihn ab? Bekämpfen sie die hohe Sensibilität in ihrem Kind? Oder packen sie z.B. ihr Kind in Watte, weil sie diese Begabung in sich selbst unterdrücken mussten? Und wie ist es mit ihrem Umgang mit der Wahrnehmung, mit ihren eigenen Grenzen? Wie leben sie selbst ihre Begabung?

Wie hoch ist der Anteil der biologischen Vererbung wirklich? Und wie hoch der Anteil der Sozialisation? Diese Frage wird nie stichhaltig beantwortet werden können. Auch ist sie zu vordergründig gestellt. Längst hat die Epigenetik erkannt, dass es um ein Zusammenwirken von Genen und äußeren Faktoren geht. Es sind Umwelteinflüsse, die unterschiedliche Gene aktivieren oder deaktivieren können!

Selbsttest: Sind Sie hochsensibel?

Welche Aussagen treffen auf Sie zu?

- ❏ Ein Einkaufsbummel in der Stadt scheint für mich anstrengender zu sein als für andere.
- ❏ Gewaltszenen im Kino oder Fernsehen scheinen mich tiefer zu beeindrucken als andere.
- ❏ Soziale Ungerechtigkeit beeindruckt mich so stark, als wäre ich selbst direkt betroffen.
- ❏ Ich bin deutlich schreckhafter als andere.
- ❏ Komme ich neu in einen Laden, fühle ich mich schnell von all den Eindrücken überwältigt und brauche gewöhnlich etwas länger als andere, um mich zu orientieren.
- ❏ Ich reagiere deutlich empfindlicher auf Geräusche als andere Menschen. Laute Geräusche bereiten mir fast ein körperliches Unbehagen.
- ❏ Reisen scheint mich mehr anzustrengen als andere.
- ❏ Der Kontakt mit anderen Menschen laugt mich manchmal aus.
- ❏ Oft gehen mir selbst kleine Dinge nach, die andere oder ich gesagt haben.
- ❏ Manchmal habe ich das Gefühl, als würde ich auch das hören, was andere nicht sagen.
- ❏ Oft geht mir etwas nach, das ich unterlassen oder nicht gut genug gemacht habe.
- ❏ Ich spüre sehr genau, wie es anderen geht.
- ❏ Ich fühle mich häufig missverstanden, weil ich offenbar mehr und andere Dinge wahrnehme als andere. Manchmal fühle ich mich aus diesem Grund auch sehr allein.
- ❏ Großen Menschenansammlungen weiche ich am liebsten aus.
- ❏ Als Kind war ich tief erschrocken, wenn der Lehrer mit einem Mitschüler schimpfte. Ich fühlte mich so, als hätte er mit mir geschimpft, obwohl ich gar nicht beteiligt oder gemeint war.
- ❏ Wenn Konflikte und Streit in der Luft hängen, spüre ich das beinahe körperlich – sogar wenn ich von der Spannung eigentlich selbst gar nicht betroffen bin.
- ❏ Die Stimmungen anderer Menschen beeindrucken mich unnötig stark.

- Wenn zu viel Unruhe herrscht, reagiere ich gereizt, fahrig, mit Stress oder körperlichen/emotionalen Symptomen.
- Ich brauche viel Rückzug und Zeit für mich.
- Harmonie ist mir wichtig, sonst leide ich unter der Atmosphäre.
- Konfliktsituationen weiche ich am liebsten aus. Wenn ich mich eigentlich behaupten sollte, reagiere ich eher mit Rückzug, obwohl ich mich dann wiederum darüber ärgere.
- Es gelingt mir eher, für die Rechte anderer oder die Ansprüche der Allgemeinheit einzutreten als für meine eigenen Interessen.
- Ich bin ein guter Zuhörer und kann mich gut einfühlen und andere wieder aufbauen, wenn sie Probleme haben.

Die Auflösung des Selbsteinschätzungstests

Wenn Sie mehr als die Hälfte der 23 Aussagen mit einem Ja beantworten konnten, dann dürften auch Sie hochsensibel sein. (Es sei denn, Sie befinden sich momentan in einer ganz außerordentlichen Belastungssituation. Dann könnten auch andere Menschen so wie Hochsensible reagieren.)

Machen Sie die Probe und stellen Sie sich folgende Fragen: »Wie war es in der Vergangenheit? Wie war es in der Kindheit?« Gehen Sie die Aussagen damit erneut durch. Erhalten Sie dasselbe oder ein ähnliches Ergebnis mit mehr als 12 Ja-Antworten, ist das eine Bestätigung des Testergebnisses. Sie können auch den folgenden Test speziell für hochsensible Kinder noch einmal für sich auswerten.

Test: Ist Ihr Kind hochsensibel?

Welche Aussagen treffen auf Ihr Kind zu?
- Das Kind reagiert stark und abwehrend auf große Lautstärke oder Lärm.
- Das Kind gleicht Spannungen gern aus und sorgt für eine harmonische Atmosphäre.
- Es fühlt sich ein, wenn andere traurig oder krank sind. Es nimmt dann ganz von selbst Rücksicht auf andere.

- ❏ Das Kind liebt eher ruhige Spiele. (Wenn es zornig wird, kann es auch einmal laut werden.)
- ❏ Das Kind spürt deutlich Spannungen zwischen den Eltern, auch wenn sie nicht ausgesprochen und vor den Kindern verborgen werden.
- ❏ Zu viele Eindrücke verängstigen oder ermüden das Kind schnell. Es braucht dann Rückzug.
- ❏ Das Kind spürt selbst kleine Details, die verändert wurden.
- ❏ Während andere Kinder Spaß an schnellen und wilden Karussellfahrten haben, schreckt das Kind davor zurück.
- ❏ Es spielt auch gern einmal allein. Es erlebt sein Spiel intensiv und geht darin auf.
- ❏ Das Kind hält sich vor neuen Dingen oder Unternehmungen etwas zurück. Es beobachtet lange aus sicherem Abstand, bevor es sich dann vielleicht darauf einlässt.
- ❏ Das Kind ist interessiert und zugleich etwas zurückhaltend, wenn es anderen Kindern oder Erwachsenen vorgestellt wird.
- ❏ Das Kind mag Wettspiele nicht besonders, es tut sich in ihnen nicht hervor. Es geht ihm offenbar nicht darum, zu gewinnen oder zu dominieren.
- ❏ Das Kind stellt schon früh hohe Ansprüche an sich selbst. Wenn es feststellt, dass die Ergebnisse seiner Bemühungen nicht so vollkommen wie seine Vorstellungen sind, leidet es darunter. Das sind Momente, in denen es zornig und laut werden kann.
- ❏ Es ist im Vergleich zu anderen Kindern eher leise und ruhig, auch wenn es Ausnahmen geben kann, z.B. wenn es überreizt oder zornig ist.
- ❏ Das Kind liebt Ausgleich und Gerechtigkeit. Es teilt gern Schokolade und Kekse. Es achtet darauf, dass alle etwas bekommen. Wenn anderen Unrecht geschieht, fühlt es sich selbst davon betroffen. Dann kann es vielleicht sogar mutig für größere Kinder eintreten.
- ❏ Das Kind hat oft nur einen oder zwei Spielkameraden, mit denen es intensiven Kontakt pflegt, bei größeren Gruppen verhält es sich eher reserviert oder sogar abweisend.

Die Auflösung des Tests
Wenn Sie mehr als die Hälfte – also 8 – der Aussagen bestätigen konnten, dann dürfte Ihr Kind hochsensibel sein. Bedenken Sie jedoch, dass ein Ergebnis von momentanen Situationen, von Ihrem eigenen Verhältnis zum Kind und dergleichen beeinflusst werden kann. – Das Alter des Kindes wurde bei diesem allgemein gehaltenen Test im Übrigen nicht berücksichtigt.

Empfindlichkeit: Eine erworbene hohe Sensibilität
Hohe Sensibilität ist eine Begabung und Wesensart, bei deren Entstehung Gene und soziale Faktoren zusammenwirken. Sie manifestiert sich schon in der Kindheit. Häufig sind es die Lebensumstände des Kindes, die sie weiter ausprägen. Es gibt jedoch auch eine Sensitivität, die erst im Laufe des Lebens entsteht und sich weiterentwickelt. Diese erworbene Sensibilität nenne ich hier Empfindlichkeit. Traumatische Ereignisse können dafür ebenso ursächlich sein wie körperliche Krankheiten und die Vulnerabilität durch toxische Belastungen, z.B. durch Schwermetalle oder Holzschutzmittel.

Ein Mensch mit einer Störfeldbelastung, z.B. einem unerkannten Eiterherd, lebt gewissermaßen ständig an der Grenze seiner äußersten Belastbarkeit. Sein Immunsystem befindet sich in einem dauernden Abwehrkampf, das Nervensystem reagiert in äußerster Alarmbereitschaft auf jede weitere Herausforderung. Jeder zusätzliche Reiz kann dann wie eine Überforderung wirken. Oft ist es erst diese Reizbarkeit, die dazu führt, sich auf die Suche nach solchen verborgenen Ursachen zu machen. Ebenso können Störungen der Schilddrüsenfunktion sich so auswirken, dass man ähnlich wie ein Hochsensibler reagiert und sich rasch überreizt fühlt. Typisch können dafür auch Schwankungen zwischen Phlegma und Überreizung sein.

SILKE, die Mitarbeiterin einer Familienbildungsstätte, bei der ich Vorträge über das Thema halte, erzählte mir von einer Zeit, in der man sie auch für hochsensibel hätte halten können: »Ich kannte mich selbst nicht mehr. Bei der kleinsten Störung geriet ich in einen Zustand, in dem ich zu allem fähig gewesen wäre, auch gegenüber meinem Mann und den Kindern. Im nächsten Moment litt ich wieder darunter, dass ich so hässlich zu ihnen war, und verurteilte mich. Ich hielt mich selbst nicht mehr aus. Jedes kleinste Geräusch schien in meinem Kopf zu dröhnen, die Autos schienen durch mich geradezu hindurchzufahren ... Meine beste Freundin schickte mich zu einem Zahnarzt, der für alternative Methoden offen war. Und dann wurden die Herde und Störfelder saniert, die Gifte ausgeleitet. Jetzt bin ich wieder ich selbst!«

Wer unter einer Empfindlichkeit leidet, die plötzlich aufgetreten ist, sollte sich unbedingt einer medizinischen Untersuchung unterziehen und sich dabei nicht scheuen, auch alternative Testmethoden in Anspruch zu nehmen. Es könnte sogar sein, dass es sich um Unverträglichkeiten und Störungen handelt, die durch medizinische Maßnahmen hervorgerufen wurden – z.B. durch Amalgamfüllungen.

Erworbene Empfindlichkeit kann auch die Folge einer Traumatisierung sein. Nach einem Überfall, einer Vergewaltigung, einem Einbruch ist die Welt für diesen Menschen nicht mehr dieselbe. Es ist leicht nachvollziehbar, dass er danach ganz anders wahrnimmt als zuvor. Er lebt nach diesem Ereignis in einer bedrohlichen Welt, in der das, was er erlitten hat, sich jederzeit wiederholen kann. Seine Aufmerksamkeit ist folglich nach außen gerichtet, um sich vor erneuter Verletzung zu schützen. Sein Nervensystem befindet sich in einer Art dauerndem Alarmzustand.

Der Unterschied zwischen hoher Sensibilität und Empfindlichkeit besteht v.a. darin, dass sich die Empfindlichkeit erst im Laufe des Lebens einstellt. Es handelt sich nicht um eine Begabung oder einen Wesenszug des Menschen, sondern um eine erworbene Reaktionsweise. Ebenso sind die Vorzüge der feineren und umfassenderen Wahrnehmung bei der erworbenen Empfindlichkeit durchaus nicht zu erkennen. Die Empfindlichkeit dient ausschließlich der Abwehr und dem Schutz. Ein zusätzlicher

Hinweis, dass es sich nicht um die Anlage der hohen Sensibilität handelt, kann in dem Umstand bestehen, dass die Empfindlichkeit auch auf ganz bestimmte Lebensbereiche und Situationen beschränkt bleiben kann. Angeborene hohe Sensibilität und erworbene Empfindlichkeit können auch zusammen auftreten, sich gegenseitig steigern, die Reizbarkeit und das Leiden daran verstärken.

High Sensation Seekers: Hochsensibel und trotzdem den »Kick« brauchen

Vielleicht haben Sie sich in den Tests als hochsensibel wiedererkannt. Vielleicht auch nur zum Teil. So geht es Michael, einem meiner Freunde. Er ist eine Zeit lang ganz hochsensibel, und dann plötzlich empfindet er wieder ganz anders. Von einem Moment zum anderen scheint er innerlich umzuschalten von sensibel und zurückhaltend auf unternehmungslustig. Dann braucht er Abwechslung und das, was seine ebenfalls hochsensible Frau den »Kick« nennt. (Manchmal schaut sie dann besorgt, und manchmal freut sie sich auch darüber, denn langweilig ist das Leben mit Michael nicht.) Wenn Sie auch beide Seiten in sich spüren, könnten Sie ebenso wie Michael zu einer Sonderform der Hochsensiblen gehören.

Generell steht jeder Hochsensible vor der Aufgabe, sich selbst ständig auszusteuern zwischen Überstimulation mit zu vielen Reizen und Unterstimulierung mit zu wenig Reizen. Die Spanne zwischen Überstimulation und Unterstimulierung ist bei Hochsensiblen meist geringer als bei weniger sensiblen Menschen. Bei einer Minderheit unter ihnen ist diese Spanne jedoch sehr starken Schwankungen ausgesetzt. Es handelt sich um die Hochsensiblen, die zugleich High Sensation Seekers sind. Bei ihnen wechseln Zeiten, in denen sie nur wenige Reize vertragen und sich typisch hochsensibel verhalten, mit Phasen, in denen ihnen die Reize nicht stark genug sein können und in denen sie große Herausforderungen suchen und Risiken eingehen, Kampf und Wettbewerb lieben, was für Hochsensible sonst völlig untypisch ist.

Hochsensible, die zugleich zur Gruppe der High Sensation Seekers gehören, verstehen sich oft selbst nicht, und ihre Mitmenschen sind ebenso irritiert über ihre Widersprüchlichkeit. Sie entsprechen nicht der landläufigen Vorstellung, nach der man entweder so ist oder so. Oft wenden sie diese Art von Logik auf sich selbst an und unterdrücken eine ihrer beiden Seiten, vielleicht zu unterschiedlichen Zeiten mal die eine und mal die andere. Sie sind jedoch beides: hochsensibel und zugleich risikofreudig.

Die Anlage der hohen Sensibilität wird genetisch vererbt. Ebenso wird die Anlage der High Sensation Seekers durch Gene weitergegeben. Vererbt wird dabei die Begabung der Risikofreude und Kampfbereitschaft, der Spaß an Herausforderungen und am Wettbewerb, der Kitzel dabei, alles auf eine Karte zu setzen. Diese unterschiedlichen Begabungen werden unabhängig voneinander vererbt. So ist es möglich, dass beide so entgegengesetzten Wesenszüge in einem Menschen zusammenkommen, auch wenn sie so wenig zusammenzupassen scheinen.

Typisch für Hochsensible, die zugleich High Sensation Seekers sind, ist das plötzliche Umkippen von »hochsensibel« auf »hochriskant«. Leichter leben lässt es sich damit, wenn es den Betroffenen gelungen ist, beiden Begabungen unterschiedliche Lebensbereiche zuzuordnen, in denen sie ihrem Wesen gemäß dominieren dürfen.

Selbsttest: Hochsensibel und zugleich High Sensation Seeker?

Welche Aussagen treffen auf Sie zu?
- ❏ Manchmal brauche ich den Kick. Es überkommt mich geradezu, dann muss ich aus allem Gewohnten ausbrechen.
- ❏ Manchmal kenne ich mich scheinbar selbst nicht mehr. Eben war ich noch geradezu zimperlich, und dann sinne ich plötzlich darauf, einen Konflikt zu inszenieren.
- ❏ Entweder bin ich ganz brav und handzahm oder ich provoziere.
- ❏ Ich fühle mich wie zwei entgegengesetzte Seelen in einer Person. Mal lehne ich die eine ab und dann wiederum die andere.
- ❏ Manchmal erschrecke ich nachträglich über Situationen, die ich zuvor gemeistert hatte, als ich anders drauf war.
- ❏ Ich führe eine Art Doppelleben. Nach außen bin ich der coole Typ. Dann erlebe ich mich wieder innerlich als Sensibelchen.

Falls Sie sich in diesen Fragen wiedererkennen, könnten Sie zu dieser Gruppe gehören. Entscheidend ist, ob Sie sich als so widersprüchlich erleben. Hohe Sensibilität in Verbindung mit der Anlage zum High Sensation Seeker ist jedoch vom Hochsensiblen, der »nur« hochsensibel ist, gar nicht so leicht zu unterscheiden. Dafür gibt es mehrere Gründe:

Die meisten Hochsensiblen sind generell von einem inneren Konflikt zwischen einer überfordernden Seite und einer unterfordernden Seite geprägt. Wir wissen deshalb oft selbst nicht, was wir uns zutrauen können und was nicht. Dieser innere Konflikt kann in seinen Auswirkungen so erscheinen wie die Kombination von hochsensibel und hoch risikofreudig. Immer dann, wenn wir Hochsensiblen wieder einmal über unsere Grenzen gegangen sind, verhalten wir uns anders, oft unserem eigenen Wesen genau entgegengesetzt. Wer sonst zurückhaltend ist, wird dann z.B. offensiv. Wer sonst auf Unauffälligkeit und Sicherheit ausgerichtet ist, geht dann Risiken ein. Wer sonst auf Harmonie setzt, wird dann aggressiv und kann andere angreifen. (Mehr darüber im Kapitel über Grenzen.) Ein weiterer Umstand, der die Unterscheidung erschwert: In Situationen äußerster Belastung verhalten sich die meisten Hochsensiblen äußerst beherzt und sicher – zu ihrer eigenen Überraschung.

Vom Umgang mit der Kombination hochsensibel/ hoch risikofreudig

Am sichersten ist es, den eigenen High Sensation Seeker im Sport auszuleben. Anna, eine hochsensible Seminarteilnehmerin, übte zur Überraschung aller anderen Teilnehmer eine Extremsportart aus. Als Bobfahrerin erlebt sie ihren Kick und stellt ihren inneren High Sensation Seeker damit zufrieden. Ihr Beruf, Juristin in einem Wirtschaftsverband, passt mehr zu Annas hochsensiblen Seite.

Andere finden einen Beruf oder die passenden beruflichen Bedingungen, um ihre innere Widersprüchlichkeit auszuleben. Bernd, ein hochsensibler Freund von mir, aufmerksamer und kunstsinniger Gesprächspartner und einfühlsamer Vater, lief erst zur beruflichen Hochform auf, als er eine internationale Karriere begann, die es erforderlich macht, fast in jeder Woche Verhandlungen an wechselnden Orten auf anderen Kontinenten zu führen. Das Jetten ist für Bernd stressfrei und tut ihm sichtlich gut. Seine hohe Sensibilität hilft ihm in den Verhandlungen mit Geschäftspartnern.

Auch das gibt es: den hochsensiblen High Sensation Seeker, der im Beruf wenig belastbar ist und im Urlaub seine Risikofreude bis ins Extrem auslebt, dann krank zurückkommt und sich erst einmal auskurieren muss. – Die hochsensible Seite hat ihn wieder!

MANUELA, eine hochsensible Klientin, konnte mit erstaunlichen Brüchen in ihrer Lebensgeschichte aufwarten. Phasen in ihrer schwäbischen Kleinstadt mit wenig herausfordernden Berufstätigkeiten oder Arbeitslosigkeit wechselten mit Zeiten großer existenzieller Risikofreude mit Jobs in wechselnden

Berufen in mehreren fremden Ländern, in die Manuela fast spontan aufzubrechen pflegte. Körperliche Symptome zwangen sie zur Heimkehr.

Die Frage ist, ob Hochsensible, die zugleich High Sensation Seekers sind, tatsächlich die Bereitschaft haben, diese beiden Seiten in sich wahrzunehmen, zu respektieren und zu leben. Bei Männern kann z.B. die Tendenz bestehen, die hochsensible Seite ganz zu übersehen und zu unterdrücken. Krankheiten und Leiden stellen dann oft die einzigen Möglichkeiten für die hochsensible Seite dar, sich Beachtung zu verschaffen.

Wenn die eigene Wahrnehmung immer nur stört

Die hohe Sensibilität ist eine Begabung zur Meisterung des Lebens. Durch erhöhte Wahrnehmungsfähigkeit hat man mehr Überblick, man ist wachsamer als andere, kann sich drohenden Gefahren früher entziehen und ist dadurch im Vorteil. Ein Leiden an der hohen Sensibilität ist von der Natur aus nicht vorgegeben. Wie kommt es, dass manche Hochsensible ihre Begabung als Belastung erleben, während andere Hochsensible die Vorzüge ihrer Begabung nutzen und genießen?

Erst wer erkannt hat, welche Begleitumstände aus einem hochsensiblen Kind einen unglücklichen Menschen machen, und wer verstanden hat, welchen Beitrag man als Hochsensibler zu solch einer unerfreulichen Entwicklung selbst leistet, kann sich die weitergehenden Fragen stellen: Wie lässt sich das vermeiden? Wie kann man gegensteuern? Wie lässt sich das auch später noch korrigieren? Wie kann man mit dieser Begabung so umgehen, dass sie zu mehr Glück und äußerem Erfolg beiträgt?

Da ist ein hochsensibles Kind. Es verfügt über die Begabung, mehr Reize aufzunehmen, feiner, differenzierter und intensiver wahrzunehmen als andere. Mit dieser Begabung besitzt es einen Schatz, mit dem es freilich noch lernen muss umzugehen, damit die Gabe zu einer Fähigkeit wird. Damit kann der Hochsensible dann später einen wertvollen Beitrag für die Gesellschaft leisten, sein Leben und auch das Leben anderer bereichern. Eigentlich wäre alles ganz einfach. Doch dann heißt es so oft: »Sei doch nicht so empfindlich!« oder »Was du nur wieder hast, siehst, spürst ...!«, »Immer machst du Probleme!« – Diese oder ähnliche Aussprüche haben viele Hochsensible in ihrem Leben zur Genüge gehört.

»SEI DOCH NICHT SO SENSIBEL!« – Auch als Erwachsener kamen mir solche Sprüche noch lange entgegen, z.B. auf Familientreffen, und ich habe mich dann oft gefragt, ob ich da hingehöre. Heute kann ich anders damit umgehen. Ich nehme eben auch wahr, wem ich auf welcher Ebene begegnen kann und wie offen ich zu wem sein kann, ohne meinem Gegenüber die Gelegenheit zu geben, mich zu verletzen. Ich passe jetzt auf mich auf. Meine hohe Sensibilität hilft mir dabei.

Wie der innere Kampf beginnt

»Sei doch nicht so sensibel!« – Dieser Ausspruch ist verletzend für ein hochsensibles Kind. So, als hätte man einem Menschen mit blauen Augen gesagt, er solle doch bitteschön keine blauen Augen haben, weil das nicht in Ordnung wäre. Oder als würde man einem Menschen mit heller oder dunkler Haut erklären, er wäre mit dieser Hautfarbe weniger wert als andere. Mehr noch: Es ist ein Angriff auf den Kern des eigenen Wesens. Viele hochsensible Kinder kommen zu dem Schluss, dass ihre eigene Wahrnehmung wohl etwas Schlechtes sein müsse. Sie führt offensichtlich nur dazu, dass man mit ihr aneckt und stört. Der Kampf gegen die eigene Wahrnehmung beginnt! Es ist ein Kampf gegen sich selbst. Unsere Augenfarbe oder die Farbe unserer Haut können wir nicht verändern oder verstecken, doch die hohe Sensibilität kann man durchaus unterdrücken. Man kann über sie hinweggehen und sich anpassen an das, was bei den anderen gut ankommt, um dazuzugehören, um angenommen und geliebt zu werden.

Hochsensible Menschen nehmen auch mehr auf von dem, was andere sagen, denken und was von ihnen erwartet wird. Sie spüren die Einstellung der anderen intensiver, ihre Urteile, Abwertungen und Ablehnungen. Es bleibt ihnen auch nicht verborgen, was stattdessen erwünscht ist und wie man gut bei den anderen ankommt. Die Begabung des feinen Gespürs kann uns leicht zu wahren Meistern der Anpassung machen. Hochsensible berichten häufig davon, dass sie als Kinder gewissermaßen die Farbe ihres Gegenübers annahmen, dass sie sich einfühlen konnten, sich ein-denken konnten in den anderen, dass sie sogar die Welt mit dessen Augen wahrnahmen. Und all das erschien ihnen ganz selbstverständlich. Sie gingen sich selbst im Kontakt ganz einfach verloren.

Die erste Stufe: Das Übergehen der Wahrnehmung des eigenen Körpers
Zuerst lernt ein hochsensibles Kind seinen Körper nicht mehr wahrzunehmen, wenn dieser Körper mit seinen Empfindungen immer nur stört. Es nimmt jede Reaktion der Eltern sehr fein wahr, jede Irritation, jedes Unbehagen und jeden Rückzug aus dem Kontakt, jeden Zweifel und jeden Anflug von Ablehnung. Sensibles Wahrnehmen kann den Verlust von Annahme und Resonanz bedeuten. Die bestärkende Resonanz ist jedoch wichtig – und wichtiger als alle Worte –, weil sie dem Kind das Empfinden vermittelt, dazuzugehören, es »richtig« zu machen, erwünscht zu sein. Fehlende oder unklare Resonanz lässt das Kind allein zurück, ohne Rückhalt und sogar mit dem Gefühl, nicht »richtig« zu sein: wertlos.

Das Kind lernt also, dass es nicht in Ordnung ist, seinen Körper und seine Empfindsamkeit zu beachten. Für die Liebe seiner Eltern, für Sicherheit und Zugehörigkeit opfert es bald die Wahrnehmung seines Körpers. In der Folge wird der eigene Körper als wertlos angesehen, als lästiges Anhängsel von Geist und Seele oder als Maschine, der man jede Leistung abverlangen kann, deren Widerstand es zu überwinden oder zu brechen gilt.

Und noch stärker wird der Druck auf das hochsensible Kind, wenn es in Kontakt kommt mit anderen Kindern. Den Ton auf den Spielplätzen geben die älteren, stärkeren und »coolen« Kinder an. Nach ihnen muss man sich richten, wenn man dazugehören und mitspielen möchte. Das hochsensible Kind kann genau spüren, wie man sich verhalten muss. Es ist verführerisch, genauso aufzutreten, dass man auf dem Spielplatz bestehen kann. Denn auch das kann es wahrnehmen: wie es sich anfühlt für Kinder, die ausgegrenzt oder gemobbt werden – wenn es nicht selbst längst zu den Außenseitern gehört.

Der Körper wird übergangen. Er kann sich nun nicht mehr konstruktiv bemerkbar machen, auf Ungleichgewichte, auf Bedürfnisse hinweisen oder auf sich anbahnende Krankheiten, auf Überlastungen und auf die eigenen Grenzen. Als Sensor für das eigene Wohlbefinden geht er vielen Hochsensiblen verloren. Die einzige Chance des Körpers, überhaupt wahrgenommen zu werden, besteht dann darin, mit Störungen auf sich aufmerksam zu machen. Dann, wenn es meist schon zu spät ist für kleine Korrekturen. Als Störquelle mit Symptomen und Schmerzen, die sich nicht so einfach ignorieren lassen, kann er nicht mehr übergangen werden. Viele langwierige Krankheitsgeschichten nehmen genau dort ihren Ausgang.

Die zweite Stufe: Das Übergehen der eigenen Beobachtungen
Das hochsensible Kind nimmt differenzierter wahr. Darum ist es Doppelbotschaften und verborgenen Informationen stärker ausgesetzt. Es kann gewissermaßen hinter die Kulissen schauen, mit dem Gesagten zugleich auch das nicht Gesagte hören, das nur zu häufig dem Gesagten widerspricht. Kinder sind mit dieser Doppelbödigkeit gewöhnlich überfordert. Selbst Erwachsene haben Schwierigkeiten mit dem »Sowohl als auch« der menschlichen Wirklichkeit. Paradoxe Situationen sind in unserem westlichen Denken mit seiner »aristotelischen Logik« nicht vorgesehen, nach der eine Sache entweder so ist oder so. Widersprüchlichkeit ist nicht vorgesehen.

Das hochsensible Kind wird jedoch dieser Widersprüchlichkeit von Menschen und Situationen gewahr. Nicht nur, dass es von Erwachsenen selten Erklärungshilfe bekommt oder Verständnis findet. Schlimmer ist, dass die eigenen Beobachtungen häufig vom Tisch gewischt werden. Wenn es z.B. bemerkt, dass die »liebe Tante« ihm in Wirklichkeit gar nicht so freundlich gesonnen ist, stößt es rasch auf Unverständnis, und oft genug wird es dafür auch noch gerügt. Ebenso werden Ahnungen eines Kindes als Unsinn abgetan. Doch das Kind nimmt nicht nur seine eigenen komplizierten Beobachtungen deutlich wahr, sondern auch die Denkweise und Erwartung der anderen. Also wird es sich an ihnen orientieren, seine eigenen Beobachtungen abtun und seine Wahrnehmung noch mehr nach außen richten und sich selbst dabei noch mehr verlieren.

Das hochsensible Kind fühlt sich in solchen Situationen allein gelassen in einer Welt, die doppelbödiger und widersprüchlicher ist als für weniger sensible Erwachsene, in einer Welt, die es als Kind in ihrer Komplexität intellektuell noch nicht verstehen kann. Es fühlt sich einsam und fremd, wie von einem anderen Stern. Das Kind lernt, dass es seiner eigenen Wahrnehmung, seinen eigenen Einschätzungen und Bewertungen besser nicht trauen sollte. Die Ausrichtung an den anderen hingegen wird belohnt. Die Übereinstimmung in der Weltsicht mit weniger Sensiblen fühlt sich gut an. Sie vermittelt ein Empfinden von Zugehörigkeit und Sicherheit – auch wenn diese Sicherheit jederzeit wieder entzogen werden kann, wenn man sich doch einmal in seinem Wesen zu erkennen geben sollte.

Wenn ein Hochsensibler seinen Beobachtungen und Wertungen nicht mehr traut, wird er noch mehr dazu neigen, Informationen von anderen einzuholen. Dabei wird er auf das merkwürdige Phänomen stoßen, dass die Erkenntnisse des einen und die Einschätzungen der anderen sich ebenfalls widersprechen. Dann wird er noch mehr Informationen einholen, die ihm auch nicht weiterhelfen. Im Gegenteil: Sie machen seine Welt noch komplizierter.

Er entgeht dieser Widersprüchlichkeit nicht. Er verfügt als Hochsensibler, der seine Selbstwahrnehmung verloren hat, nicht mehr über das Instrumentarium, mit dem man komplexen Situationen auf ganz einfache Weise gerecht werden könnte. Der Kon-

> **HOCHSENSIBLE ELTERN UND LEHRER ALS UNTERSTÜTZUNG?**
> Auch wenn sie einem ähnlichen Anpassungsprozess erlegen sind, sind hochsensible Erwachsene nicht unbedingt eine Hilfe für ein hochsensibles Kind. Häufig begegnet das Kind hier einem ganz besonders komplizierten Geflecht von Anpassungsmustern, subjektiven Einschätzungen und Empfindlichkeiten, das nicht selten einem verhedderten Wollknäuel gleicht. Mit solchen Eltern oder Lehrern klarzukommen ist oft eine noch höhere Herausforderung als das Ziel, auf dem Spielplatz akzeptiert zu werden. (Falls Sie selbst Kinder haben, lesen Sie am Ende dieses Kapitels sowie ab Seite 62 mehr darüber, wie Sie solche Belastungen vermeiden können – gleich, ob das Kind hochsensibel ist oder nicht.)

takt zum Körper ist ihm verloren gegangen und damit fehlt ihm das »Bauchgefühl«, das z.B. dabei hilft, die Stimmigkeit von Gedanken und Aussagen zu überprüfen, zu konkreten Ergebnissen zu kommen und Entscheidungen zu treffen.

Ohne die Resonanz seines Körpers ist er den Interessen anderer ausgeliefert. Er wird dann leicht zum Opfer von Manipulation, weil er fremden gedanklichen Konstrukten mehr Glauben schenkt als seinen eigenen Gedanken und seinem Gespür, obwohl genau dieses Spüren seine besondere Gabe wäre.

Die dritte Stufe: Sich selbst wahrnehmen aus der Perspektive der anderen
Hochsensible nehmen als Meister der Wahrnehmung und der Anpassung auch die Weltsicht anderer wahr. Die Übernahme dieser Sichtweise kann sogar dazu führen, dass Hochsensible die Welt selbst durch die Augen der anderen sehen. Sie leben dann in ihnen wesensmäßig fremden Konstruktionen von Welt, deren Fremdheit ihnen erst dann bewusst wird, wenn ihnen die Kunststücke der Anpassung nicht mehr gelingen. Sie nehmen die Welt

aus der Perspektive der anderen wahr, weil sie die Zentrierung in ihrem Körper verloren haben. Dadurch sind sie körperlos und ortlos. Hochsensible, die ihre Selbstwahrnehmung geopfert haben, haben keinen eigenen Standpunkt mehr.

Und noch einen Schritt weiter: Viele Hochsensible sehen sich sogar selbst durch die Augen der anderen. Sie bewerten sich durch die Wertskalen ihrer Umwelt. Und dabei schneiden sie selbst als Hochsensible gewöhnlich schlecht ab. Je mehr sie sich verbogen und angepasst haben, desto weniger gut kommen sie üblicherweise dabei weg. Und dann passen sie sich noch mehr an, um den Wertskalen der anderen zu entsprechen. Das führt wiederum zu noch mehr Ablehnung und vergrößert ihre Selbstabwertung.

KARIN, eine Sportlehrerin, erzählt:»Als ich Kind war, färbten die Menschen, mit denen ich zusammen war, auf mich ab. Mein Vater liebte es, wenn ich als Tochter und einziges Kind ein bisschen so wie ein Junge war. Entsprechend fühlte ich mich gut, wenn ich mich burschikos verhielt. Wenn meine Großmutter zu Besuch kam, dann wurde ich wieder mehr zu einem Mädchen und verstand es nicht mehr, wie ich eben noch ganz anders gewesen war. Denn sie mochte es, wenn Mädchen mit Puppen spielen. Wenn sie wieder abgefahren war, wanderte die Puppe zurück in den letzten Winkel meines Schranks. Schwierig wurde es, wenn mein Vater und die Großmutter zusammentrafen. Dann war ich irgendwie ganz zurückgenommen. Ich wusste nicht mehr, wer ich war. – Später brauchte ich immer viel Rückzug für mich. Nach jedem Zusammensein mit anderen musste ich mich erst wiederfinden.«

Auch wenn Hochsensible dazu neigen, sich anzupassen, wird ihnen die Anpassung auf Dauer nie ganz gelingen. Ihr eigenes Wesen wird sich in einem kurzen Moment doch »störend« bemerkbar machen, dann, wenn es vielleicht am wenigsten passt. Und schon geht die mühsam erworbene Zugehörigkeit zu den anderen ganz plötzlich verloren. All diese Verbiegungen hätte man sich also sparen können. Doch bei vielen erwachsenen Hochsensiblen führt dieser Patzer nur wieder zu noch höheren Anstrengungen darum, sich anzugleichen und zu verstellen. Und so weiter ... Ein Spiel, bei dem man nur verlieren kann! Doch das bemerkt man vielleicht erst, wenn man sich allein im sozialen Aus wiederfindet.

So ging es mir früher. Heute verstehe ich, wie das gelaufen ist: Ich hatte immer versucht, den Bewertungen anderer zu entsprechen und dabei gut abzuschneiden. Der Erfolg war mäßig. Im Grunde hatte ich bewirkt, dass ich in diesem merkwürdigen Wettbewerb immer nur Zweiter sein konnte. Bestenfalls. Ich hatte also ständig verloren. Und mir selbst war ich dabei auch noch untreu geworden. Später konnte ich erkennen, dass ich gegen meine eigenen Werte verstoßen hatte, die es ja auch noch gab. Auch da war ich ein ständiger Verlierer. Und so fühlte ich mich laufend wertlos und uneins mit mir. Das änderte sich erst, als ich begann, diese Zusammenhänge zu durchschauen.

Auch wenn die Wahrnehmung der eigenen Person aus den wechselnden Perspektiven der anderen eine Bürde ist, ermöglicht sie den betroffenen Hochsensiblen, sich selbst mit Abstand und damit auch mit mehr Objektivität wahrzunehmen. Während weniger sensible Menschen oft erst lernen müssen, sich selbst aus den Perspektiven anderer zu sehen, besteht die Lektion der betroffenen Hochsensiblen darin, uns zu zentrieren und uns selbst und die Welt von unserem eigenen Standpunkt aus zu erkennen. Eine weitere Chance besteht in der Fähigkeit, uns selbst infrage zu stellen und eigene Defizite zu erkennen.

Dass es uns so schwerfällt, uns zu zentrieren, wird von einigen Hochsensiblen meist mit einer deutlichen zeitlichen Verzögerung als Verlust bemerkt. Die Erkenntnis führt dann häufig zu einem abrupten Wechsel in der Sichtweise. Eben noch war der Hochsensible ganz angepasst, er war bequem für einen Begleiter. Er sah, fühlte, dachte, bewertete ganz aus der Perspektive des anderen – so als wäre er ein Radioempfänger, eingestellt auf dessen Sender. Doch dann tritt er aus diesem Kontakt heraus und stellt sich plötzlich quer. Er versucht sich zu retten und sich auf einen eigenen Standpunkt zu fixieren.

Im Unterschied zu einem gewissermaßen »natürlichen« Standpunkt aus dem eigenen körperlichen Zentrum heraus wirkt dieser bewusst vom Kopf her eingenommene Standpunkt oft theoretisch, dogmatisch und starr. Während der natürliche Standpunkt aus dem eigenen Zentrum für andere präsent und spürbar ist, ist der kompensatorisch eingenommene Standpunkt eher als abrupt und als trotzig wahrnehmbar. Dieser Standpunkt kommt meist zu spät und überraschend, die anderen hatten damit nicht gerechnet. Auf sie kann das Verhalten »zickig« wirken. Der Hochsensible wird zum Spielverderber. Seine Anpassungsversuche zählen plötzlich nicht mehr, man sieht nur noch die Störung. Manche Hochsensible bleiben in dieser Haltung eines kompensatorischen Eigensinns stecken.

Zusammenfassung
Es ist nicht die hohe Sensibilität an sich, die sich als störend bemerkbar macht. Es sind der Kampf gegen die störende Selbstwahrnehmung und die Anpassung an die anderen, die zu diesen vielfältigen Konsequenzen führen:
  Zunächst kommt es zum Verlust der Wahrnehmung des eigenen Körpers. Damit verbunden ist der fehlende Zugang zu eigenen Bedürfnissen. Der Körper wird nur noch wahrgenommen, wenn er stört. Bedürfnisse können sich dann nur noch verzögert über körperliche Symptome und Schmerzen bemerkbar machen. Auf diese Weise können sich Krankheiten entwickeln, die sehr häufig chronisch werden.
  Durch das Fehlen der Wahrnehmung des Körpers nehmen wir stattdessen noch mehr Außenreize wahr. Dadurch fühlen wir uns in zunehmendem Maße überfordert und geschwächt. Dieses Gefühl führt dazu, die »gefährlichen« Außenreize noch stärker wahrzunehmen. Und dann fühlen wir uns noch mehr von den Außenreizen überfordert, was wiederum darin mündet, dass wir uns selbst noch weniger wahrnehmen und uns noch schwächer fühlen ...

Wenn der Körper mit seinen Signalen nicht mehr wahrgenommen werden kann, spüren wir unsere Grenzen nicht mehr rechtzeitig, sondern erst nachträglich – gewöhnlich dann, wenn es zu spät ist. Das führt dazu, dass wir uns ständig über- oder unterfordern, häufig im Wechsel. Im sozialen Kontakt erleben wir durch das Fehlen des Gespürs für unsere eigenen Grenzen (und häufig auch die unserer Mitmenschen) ständig Konflikte, sofern wir es nicht vorziehen, uns aus Beziehungen zurückzuziehen.

Mit dem Verlust der Wahrnehmung des Körpers entfällt auch die Möglichkeit, Informationen auf ihre Stimmigkeit und Relevanz zu überprüfen. Wir verlieren unsere Intuition für eigene Belange. In der Folge werden wir gewöhnlich abhängig von den Einschätzungen und Meinungen anderer. Dann müssen wir noch mehr Informationen aufnehmen und verarbeiten. Und dadurch nehmen wir unseren Körper noch weniger wahr.

Mit der Wahrnehmung des Körpers ist auch der Verlust der eigenen Person als Zentrum verbunden. Wir sind gewissermaßen nicht mehr bei uns. Wir erleben uns und die Welt um uns herum nicht mehr aus unserer eigenen Perspektive. Man ist außer sich und hat seinen Standpunkt in der Welt eingebüßt. In der Folge nimmt man sich selbst aus der Position der anderen wahr. Damit verbunden ist auch die Bewertung der eigenen Person nach fremden und unterschiedlichen Kriterien, nach denen wir uns auszurichten versuchen – ein Kampf um Wertschätzung, den wir natürlich nicht gewinnen können.

Die Versuche, fehlende Zentrierung durch einen bewusst aus dem Denken entwickelten eigenen Standpunkt auszugleichen, wirken häufig theorielastig, besserwisserisch, weltfremd oder dogmatisch. Wir Hochsensible gelten für andere dann als eigensinnig, als »zickig«.

Erschwerende Umstände in der Kindheit

Welche Einflüsse sind es, die darüber entscheiden, ob die Anlage der hohen Sensibilität für den Begabten zur Last wird oder zu einer Bereicherung seines Lebens? Denn es gibt sie: Hochsensible, die von vornherein so sein durften, wie sie erschaffen wurden. Sie wurden nicht nur von ihrem Umfeld angenommen, sie waren auch bereit, sich selbst auf das Leben und in seine körperliche Existenz einzulassen. Sie hatten keinen Anlass, die Wahrnehmung ihrer selbst aufzugeben oder zu opfern.

Leider ist der andere Fall häufiger: Das hochsensible Kind passt sich an und verliert dadurch schrittweise die Wahrnehmung seines Körpers, seiner Grenzen und Bedürfnisse. Was trägt dazu bei, dass dieses Wahrnehmungsmuster weiter verstärkt wird? Welche Faktoren könnten auf vorhandene Erbanlagen einwirken und Gene an- oder ausschalten?

Das Übergehen des eigenen Körpers geschieht in einem ersten Schritt durch die Anpassung an andere. Man möchte geliebt und wertgeschätzt werden, angenommen sein und dazugehören. Äußere Lebensumstände, die dazu führen, dass die eigene Wahrnehmung noch mehr nach außen gerichtet und die Selbstwahrnehmung noch mehr eingeschränkt wird, kommen oft dazu. Immer dann, wenn das hochsensible Kind seine Umwelt als so kompliziert, widersprüchlich oder als bedrohlich erlebt, richtet es sein Bewusstsein in noch stärkerem Maße nach außen. Zu diesen äußeren Bedingungen gehören Gewalt, Übergriffe oder starke Spannungen im Umfeld. Gerade wenn es sich schützen will, verliert das hochsensible Kind sich selbst noch mehr. Als weitere Erschwerungen kommen Störungen seines Energiefeldes hinzu, z.B. dadurch, dass seine Eltern selbst »grenzenlos« sind, sich nicht abgrenzen können und die Grenzen des Kindes nicht respektieren. Manche Eltern versagen ihrem Kind die altersangemessene Ablösung oder vereinnahmen es völlig. Ebenso kann es durch Gewalt, sexuelle Übergriffe und andere Traumatisierungen zu massiven Störungen des Energiesystems eines Kindes kommen.

Anpassung und Körperfeindlichkeit

Erschwerend ist für hochsensible Kinder eine Haltung der Eltern, die mehr auf Anpassung ausgerichtet ist als auf Entwicklung und eigener Verantwortung. Die Energie eines Kindes wird ständig gehemmt, damit es nicht auffällt und nicht von einer wie auch immer definierten Norm abweicht, ohne dass ihr eine konstruktive Entfaltungsrichtung gegeben wird. In diesen Zusammenhang gehört auch eine prüde Unsicherheit gegenüber der Sinnlichkeit des Kindes, die bei hoher Sensibilität stärker ausgeprägt sein kann. So stößt das Kind z.B. immer dann, wenn es sich in seinem Körper wohlfühlt, auf irritierte Blicke der Eltern, oder es erlebt einen Abbruch des Blickkontaktes.

Wenn Gefahren lauern

In Familien, in denen Gewalt, Alkoholismus, sexuelle und seelische Übergriffe die Atmosphäre bestimmen, muss ein Kind sich schützen. Die Stärke eines hochsensiblen Kindes ist seine feine Wahrnehmung. Es wird sie nach außen richten, um der Gewalt rechtzeitig zu entgehen, Spannungen auszugleichen, zu beschwichtigen oder andere Familienmitglieder zu schützen, das seelisch bedürftige Elternteil zu stärken, von dem auch sein eigenes Wohl und Wehe abhängt. In der Wahrnehmung der Zustände anderer wird es Meisterschaft entwickeln.

Eine Traumatisierung durch Gewalt und sexuelle Übergriffe verstärkt das Wahrnehmungsmuster durch die zusätzliche Entwicklung einer Empfindlichkeit und die entsprechenden persönlichen Veränderungen. Oft ist mit dem Trauma eine anhaltende energetische Störung verbunden. Energetische Schutzmechanismen auf der Ebene der Aura und auf der Ebene der Chakren reagieren dann zu wenig oder sie wirken ständig und zu stark.

Fehlende Grenzen, unklare Regeln und Doppelbotschaften
Die Vorstellung, dass Gewalt in der Familie ein bedauerliches Phänomen darstellt, das auf soziale Randgruppen beschränkt wäre, entspricht nicht der Lebenswirklichkeit. Und noch mehr verfehlt ist die Annahme, dass Gewalt bei Hochsensiblen nicht vorkomme. Gerade hochsensible Eltern sind es, die ganz besonders gefährdet sind, die Kontrolle über sich zu verlieren und mehr als handgreiflich zu werden, weil sie sich oft selbst nicht wahrnehmen und deshalb viel zu spät merken, dass ihre Grenzen längst überschritten sind. Selbst wenn ein Kind ein solches Ausrasten nur ein-, zwei-, dreimal über sich ergehen lassen muss, hat es seine Sicherheit im Umgang mit dieser Person verloren und vielleicht sogar im Verhältnis zu anderen Menschen. Es hilft wenig, wenn der gewalttätige Elternteil sich danach umso sanfter und selbstloser verhält. Die Gefahr der Wiederholung ist dann sogar noch größer.

UTA, eine dreiundsechzigjährige Klientin, erzählt: »Mein Vater war der gütigste Mensch, den ich mir vorstellen kann. Doch ein ums andere Mal hat er in einem Moment das Vertrauen, das ich allmählich wieder in ihn setzte, zerstört. Dann wurde er handgreiflich, riss mich an den Haaren oder stieß mich zu Boden. – Es war nicht leichter für mich, wahrnehmen zu müssen, dass er selbst darunter litt. Dieser Umstand hat es sogar noch komplizierter für mich gemacht. Ich hatte dann Mitleid mit ihm und das Gefühl, ihn auch noch trösten zu müssen. Und ich war bemüht, ihm nicht zu zeigen, wie sehr mich sein Ausrasten selbst verletzt hatte.«

Unklare oder überhaupt nicht vorhandene Grenzen zwischen Eltern und Kindern erzeugen Dauerstress in der Familie. Ebenso binden künstlich aufgestellte Grenzen, die von dem, der sie gesetzt hat, selbst nicht eingehalten werden können, die Aufmerksamkeit des Kindes. Genauso ist es mit unklaren Regeln und Erlaubnissen. Die Unsicherheit darüber, was es darf und was nicht, verstrickt die Aufmerksamkeit des Kindes weiter.

DOPPELBOTSCHAFTEN gab es auch in meiner Kindheit. Als hochsensibler und sehr verständiger Junge war mir eigentlich alles erlaubt, weil meine Eltern, beide auch hochsensibel, mich nicht zusätzlich einschränken wollten. Dennoch waren sie gar nicht glücklich, wenn ich diesen weiten und nicht klar begrenzten Rahmen tatsächlich einmal beanspruchen wollte. Wenn ich z.B. eine Radtour machen wollte, blickten sie ängstlich, sorgenvoll oder hatten plötzlich Bedenken. Ich durfte alles und am Ende doch nichts. Also blieb ich lieber gleich zu Hause. Dann machten sie mir Vorwürfe, dass ich alleine herumhing. Sie ermunterten mich, doch auch mal etwas zu unternehmen so wie die anderen Jungen. Zum Beispiel eine Radtour.

Doppelbotschaften sind meist widersprüchliche Forderungen oder Handlungsanweisungen, die nicht erfüllbar sind. Entspricht man dem einen Teil der Botschaft, so verstößt man zugleich gegen den anderen Teil. Dieses Dilemma erzeugt Dauerstress. Je mehr ein Mensch zwischen den Zeilen lesen kann wie ein Hochsensibler, desto mehr ist er in der Lage, Doppelbotschaften zu entdecken und ihnen zu erliegen. Ein Kind, das sich selbst und seine Bedürfnisse weniger wahrnimmt als die Anliegen, Probleme und inneren Verstrickungen seiner Eltern, übernimmt die Doppelbotschaften stärker als andere Kinder. Da es als Kind die Lösung nicht in sich finden kann, richtet es seine Aufmerksamkeit noch mehr nach außen – und entdeckt meist doch nur wieder Doppelbotschaften statt klarer Orientierung. Oft sind es gerade hochsensible Eltern, von denen Doppelbotschaften ausgehen. Sie sind häufig weniger zentriert und hin- und hergerissen von eigenen Ansprüchen.

ALINA, eine hochsensible Lehrerin (53): »Als Kind wollte ich sehr gern Klavier spielen. Doch es dauerte viel zu lange, bis meine Mutter meinem Wunsch nach Unterricht nachkam. Gleichzeitig sprach sie davon, dass jedes Kind ein Instrument lernen solle, und verlangte es von mir, so als hätte ich mich dagegen gesperrt, obwohl ich es doch selbst so gern wollte. Obwohl ich sehr gern übte, machte sie Druck, sodass ich bald die Lust am Spielen verlor und widerspenstig wurde. Wenn ich spielte, wurde sie manchmal traurig. Einmal hat sie sogar geweint. Dann sagte sie wieder, wie sehr sie sich freue, dass ich Klavier spiele. – Selbst hat sie es nie zu einer guten Pianistin gebracht. Sie hat zu spät angefangen. Ihre Eltern hatten für so etwas kein Geld, obwohl sie wirklich begabt gewesen wäre. Aus meinem Klavierspiel ist einfach nichts geworden. Ich bin auf dem Stand des Könnens meiner Mutter stecken geblieben.«

Systemische Verstrickungen
Wer könnte sich leichter in die systemischen Verstrickungen einer Familie verfangen als ein hochsensibles Kind? Während ein weniger sensibles Kind weniger von den Ungleichgewichten, Ungerechtigkeiten und verborgenen Problemen wahrnimmt, weil es stärker auf sich zentriert ist, empfindet ein hochsensibles Kind die Wirkung all dessen intensiver. Oft ist ihm der Ausgleich wichtiger als sein eigenes Wohlergehen. So kommt es, dass es Versuche zur Heilung der Verstrickungen unternimmt. Das kann durch willentlichen Entschluss oder auch »ganz selbstverständlich« geschehen.

Verbunden mit dem Ausgleich in einem Familiensystem ist oft die Übernahme der Rolle als Opfer und Außenseiter. Dann übernimmt das hochsensible Kind die Rolle eines zu kurz Gekommenen und Außenseiters: Dann darf es auch keinen Erfolg haben oder es darf auch nicht dazugehören. Statt Dank von den Familienmitgliedern zu ernten, wird es noch dazu selbst verachtet, abgewertet oder ausgeschlossen.

Seelischer Missbrauch und Vereinnahmung
Hochsensible Kinder nehmen schon in sehr frühem Alter genau wahr, wie es einem anderen Menschen geht. Sie spüren seinen Zustand, seine Defizite und Bedürfnisse. Oft leiden sie mit. Ihr Verständnis macht sie leicht zu Opfern von Eltern, die unter ihrer Lebenssituation leiden. Ein belasteter Erwachsener kann durch ein hochsensibles Kind willkommene Entlastung finden. Es ist

leichter, zu klagen und sich in seinem Desaster mitzuteilen, als eine Situation konstruktiv zu verändern. Die Entlastung stabilisiert den misslichen Zustand, sie findet häufig statt auf Kosten eines bereitwilligen hochsensiblen Kindes, das zum seelischen Mülleimer, zur »guten Freundin« oder gar zum Ersatzpartner degradiert wird.

Seelischer Missbrauch ist verführerisch für ein hochsensibles Kind. Es kann seine Begabung entfalten. Es fühlt sich wertgeschätzt und bestätigt. Im Gegensatz zu einem weniger sensiblen Geschwister hat es eine Vertrauensposition. Doch der Preis, den es dafür zahlt, ist hoch: Das missbrauchte Kind entfremdet sich von Geschwistern und Gleichaltrigen. Für kindliche Spiele ist es nicht unbeschwert genug. Es trägt die Last der anvertrauten Probleme und kann selbst keine Entlastung finden. Bei wem auch? Gewiss nicht bei dem missbrauchenden Elternteil.

Eltern, die ihre eigene Lebensaufgabe nicht meistern, überlassen die Verarbeitung ihren Kindern. Und gerade hochsensible Kinder sind ganz besonders empfänglich dafür, diese Erbschaft bereitwillig anzutreten. Häufig kommt es zu einem merkwürdigen Tausch: Anstatt sich um die eigenen Belange zu kümmern, machen sich viele Eltern die Angelegenheiten ihres Kindes im wahrsten Sinne des Wortes zu eigen.

Jedes unnötige und unerwünschte Opfer der Eltern – ihrer eigenen Entfaltung, ihrer eigenen Bedürfnisse – ist eine Hypothek für ihre Kinder. Und oft zahlen die Kinder später einen viel zu hohen Preis für die von ihnen nicht bestellten scheinbaren Wohltaten. Gerade Hochsensible erkennen den Verzicht, der für sie geleistet wurde, und spüren die damit meist insgeheim verbundenen Erwartungen.

Ebenso sind vereinnahmende »Gluckenmütter« eine schwere Belastung für hochsensible Kinder. Sie wollen das zarte Kind vor dem Leben bewahren und halten sich am Ende doch nur selbst an ihm fest und erschweren seine Entfaltung. Die Versuche, sich von diesen Besetzungen zu befreien, sind oft mit der seelischen

Verletzung der Mutter verbunden, die selbst meist auch hochsensibel ist. Dann trägt ein Hochsensibler nicht nur die Hypotheken aus seiner Kindheit, sondern auch noch die Bürde der als schuldhaft empfundenen und doch so nötigen Befreiung.

Zusammenfassung
Die frühe Erfahrung von Dauerstress durch ein Klima von schwelender Gewalt und Übergriffen, die ständige Überforderung beim Versuch, nicht lösbare Aufgaben zu erfüllen und Doppelbotschaften zu entsprechen, die Verunsicherung durch unklare Grenzen, Regeln und Verantwortlichkeiten, systemische Verstrickungen und Vereinnahmung – das sind die entscheidenden sozialen Begleitumstände in der Kindheit, die dazu führen, dass ein Hochsensibler seine Wahrnehmung noch mehr nach außen richtet, als es allein schon durch bloße Anpassung an die weniger Sensiblen geschieht.

Der mit dem Dauerstress verbundene, veränderte hormonelle Zustand in der Kindheit könnte es sein, der nach der Epigenetik die entsprechenden Erbanlage an- oder ausschaltet und die Wesensart vieler Hochsensibler noch stärker ausprägt.

Hochsensibel und glücklich
Ich bin Hochsensiblen begegnet, die kein Problem haben, mit ihrer Begabung zu leben. Sie konnten sie zu ihrem eigenen Besten und dem der anderen entfalten. Wahrnehmung, Körper und Grenzen wurden in der Kindheit geachtet und respektiert. Sie sind zentriert und nehmen sich und ihre Bedürfnisse wahr. Was trägt zu dieser Entwicklung bei? Mir fielen dabei folgende Faktoren auf:

Vorteilhaft ist es, wenn die Eltern sich nicht als selbstherrliche Schöpfer ihrer eigenen Kinder erleben, die sie dann mit ihren eigenen Ambitionen belasten und überfordern können, sondern wenn sie in den Kindern, die ihnen anvertraut sind, eigene Geschöpfe mit eigenem, zu respektierendem Wesen erkennen, mit eigenen Lebensaufgaben und eigenem Lebensplan.

Diese Menschen stammten oft – jedoch nicht nur! – aus gebildeten Familien oder aus der Oberschicht. Deutlich war, dass die Eltern nicht vollständig in ihrer Rolle als Vater oder Mutter aufgegangen sind, sondern Wert darauf gelegt haben, auch noch Mann oder Frau zu sein und sich selbst zu entfalten. Gerade dadurch waren die Kinder entlastet.

Die Kinder kleiner oder mittlerer Angestellter und Beamter werden nicht selten unter großen Opfern aufgezogen. Die Erziehung orientiert sich häufig daran, sich anzupassen, durch Fleiß und Strebsamkeit etwas zu erreichen, denn die Kinder »sollen es einmal besser haben«. In höheren Kasten sind für die Kinder deutlich weniger Opfer zu erbringen. Dadurch sind die Kinder weniger belastet. Die Erziehung richtet sich – im Idealfall – aus auf Entfaltung und die allmähliche Erweiterung der Grenzen und die Übernahme von Verantwortung. Kinder leben in ihrer Welt, Erwachsene in ihrer eigenen. Formen gegenseitiger Achtung schaffen Distanz.

Die Tatsache, dass ich glücklichen Hochsensiblen eher in Frankreich oder England begegnet bin, mag an der besonderen geschichtlichen Last der Deutschen liegen, an der langen systematischen Unterdrückung von allem, was sensibel war – im Kaiserreich, im Dritten Reich und den Kriegen. In den Zeiten des Kriegs, der Vertreibung, der Gefangenschaft, der Not und des Wiederaufbaus waren andere Qualitäten gefragt. Hinzu kommt in Deutschland eine besondere Verunsicherung des Männerbilds, die zugleich auch zu einer Verunsicherung des Frauenbildes führt. Männlichkeit ist durch Angriffskriege und Nazismus in Verruf geraten, ohne dass sich ein konstruktives und lebbares Bild von Maskulinität entwickeln konnte. Kann sich ein Mann, wenn Männlichkeit so infrage gestellt ist, auch noch so etwas wie hohe Sensibilität leisten?

Ebenso scheinen viele deutsche Frauen auch so lange nach dem Krieg noch von dem Bild der Generation der Trümmerfrauen geprägt zu sein, die stark sein und die Männer ersetzen mussten. Auch bei ihnen kann hohe Sensibilität nicht gedeihen, nur in ihren Entgleisungen, z.B. in der Version der sich aufopfernden Mutter.

In Familien, in denen die Väter nicht Männer sein dürfen und als Männer keinen Respekt genießen und in denen Mütter es sich nicht mehr zugestehen, Frauen zu sein, kann keine Atmosphäre gegenseitiger Achtung zwischen den Eltern herrschen. Das jedoch wäre die Vorbedingung für das Gedeihen der hohen Sensibilität bei Töchtern und Söhnen. (Mehr zu den besonderen Anforderungen für hochsensible Männer und hochsensible Frauen im Anschluss.)

Konsequenzen für die Eltern hochsensibler Kinder
Neben ihren Genen vererben Eltern ihren Kindern auch noch etwas anderes: ihre ungelösten Probleme oder die Bewusstheit und den konstruktiven Umgang mit den Herausforderungen des Lebens, die sie sich im Laufe ihres Lebens erarbeitet haben. Aus diesem jeweiligen Bewusstsein heraus erziehen Eltern ihre Kinder, die damit zu den Erben der erworbenen Klarheit oder aber der alten verhakten Probleme und Blockaden werden. Die eigene Entfaltung und die Entwicklung von Bewusstheit sind das Beste, was Eltern ihren Kindern mitgeben können. Nur dann sind Kinder frei, ihren eigenen Weg zu gehen.

Das braucht Mut: Hochsensible Männer

Hohe Sensibilität wird gewöhnlich eher mit unserer Vorstellung von Weiblichkeit verbunden: Einer Frau wird diese Begabung eher zugestanden als einem Mann. Dennoch ist jeder zweite Hochsensible ein Mann oder ein Junge. Schon früh merken sie, dass sie mit der sensiblen Wahrnehmung von körperlichen Bedürfnissen und Empfindungen, von »Empfindlichkeiten«, nicht gut ankommen. Wie reagiert die Mutter darauf? Und wie erst der Vater? Jede Reaktion der Eltern wird sehr fein wahrgenommen, jede Irritation, jedes Unbehagen und jeder Rückzug aus dem Kontakt. Sensibles Wahrnehmen kann den Verlust von Annahme und Resonanz bedeuten.

Um mit anderen Jungen spielen und dazugehören zu dürfen, passen sich viele hochsensible Jungen den starken Typen an. Oft wird die ganze hohe Sensibilität dafür eingesetzt, um geduldet zu sein, um nicht zur Zielscheibe zu werden. Selbst wenn sie von ihnen ausgegrenzt und abgewertet werden, identifizieren sich viele Jungen mit den coolen anderen, zu denen sie doch eigentlich auch gern gehören möchten.

Kein Modell für die Verbindung von Männlichkeit und hoher Sensibilität

Ein annehmbares Männerbild fehlt. Dieser Mangel ist besonders in Deutschland nach Militarismus und zwei verlorenen Weltkriegen deutlich und nachvollziehbar. Hinzu kommt, dass Erziehung eine eindeutige Domäne von Frauen ist. Oft wird einem Jungen in den prägenden Jahren der Schulzeit kein realistisches Bild vermittelt, wie er seine Männlichkeit konstruktiv leben kann. In diese Lücke springen die Medien mit der Darstellung von Rambos und gnadenlosen Kampfmaschinen.

Wenn schon kein annehmbares und realistisches Männerbild existiert, dann gibt es noch weniger ein akzeptables Bild vom hochsensiblen Mann. Ein konstruktives Muster dafür fehlt, wie man Mann und trotzdem hochsensibel sein kann. Die Betroffenen sind dabei auf sich gestellt. Von den hochsensiblen Vätern können sie vielleicht das eine oder andere, das sie schätzen, übernehmen. Im Wesentlichen lernen sie von ihnen, wie sie es besser nicht machen sollten.

Es ist allein unser Denken, das Gegensätze konstruiert. Als gegensätzlich erachtete Eigenschaften können in der paradoxen

Wirklichkeit zusammen existieren und müssen sich durchaus nicht ausschließen. Es ist unser Kopf, der sich vorstellt, dass man entweder das eine ist oder das andere, entweder männlich oder sensibel. Und dann ist man nicht fern von den Vorstellungen vom hochsensiblen Weichei oder vom tumben Kraftprotz. Diese Denkweise trägt mit dazu bei, dass sich hochsensible Jungen gegen ihre Begabung entscheiden und glauben, mit »Männlichkeit« dafür belohnt zu werden, wenn sie ihre Wahrnehmungsfähigkeit unterdrücken und ihre Sensibilität opfern.

Männlichkeit kann gerade eine gute Basis für hohe Sensibilität sein: Wer stark ist und sich behaupten kann, der kann sich feine Wahrnehmung leisten. Kraft, die mit differenzierter Wahrnehmung ausgeübt wird, erreicht mehr.

Im Folgenden einige reale Beispiele für unterschiedliche Möglichkeiten, in denen Hochsensibilität für Männer eine zentrale Rolle im Leben spielen kann – im Negativen wie im Positiven.

HENDRIKS Gestalt: schlank und drahtig, eher klein. Als Chef der Verwaltung eines Krankenhauses setzt Hendrik seine hohe Sensibilität ein, um sich zu behaupten, seinen Einfluss zu sichern und auszubauen. Gewitzter als andere, erkennt er blitzschnell ihre Schwachstellen. Er spürt sofort, wer die Macht hat und woher der Wind weht. Mit seinem eigenen hohen Stress und seiner Angst geht er so um, dass er selbst Stress verbreitet und anderen Druck macht. Bisher ist es ihm in seiner Position immer wieder gelungen, einen Schwächeren zu finden, den er als Blitzableiter nutzen kann.

Irgendwann hat **MARTIN** als sensibler Junge erkannt, dass seine Mutter ihn mit ihren Gefühlen beherrschen konnte. Ein trauriger Blick von ihr reichte oft, und schon wurde er schwach. Irgendwann beschloss er, Gefühle nicht mehr an sich heranzulassen. Er wollte schließlich ein Junge sein. Und er war ein sehr guter Junge, wollte seine Mutter nicht traurig machen und ihr Anlass für Tränen geben. Er interessierte sich für Technik und setzte seine hohe Sensibilität bei diffizilen Basteleien ein und zeigte besonderes Geschick beim Aufspüren von technischen Defekten. Später arbeitet Martin engagiert und erfolgreich als Elektroingenieur. Eine Frau findet Gefallen an ihm, heiratet ihn und macht ihn zum zweifachen Vater. Er ist solide und selbstlos, liest ihr jeden Wunsch von den Augen ab, doch irgendetwas fehlt ihr bald an ihm, sie bezeichnet ihn als »Volltrottel«. Er versucht, es ihr noch mehr recht zu machen, ein noch besserer Ehemann und Vater zu sein und kann doch nicht verhindern, dass sie ihn mit den Kindern verlässt. Er versteht das alles nicht. Inzwischen ist er beruflich so erfolgreich, dass er zum Abteilungsleiter aufsteigt. Damit beginnen auch im Beruf die Probleme. Die Arbeit bleibt an ihm selbst hängen, weil er nicht delegieren kann. Mitarbeiter und Kollegen nutzen ihn aus, er ist viel zu gutgläubig und gutwillig. Schließlich fällt er einer Intrige zum Opfer und verliert seine Stellung.

Als kleiner Junge wurde der heutige Mathematikstudent **JENS** von seiner ebenfalls hochsensiblen Mutter, die sich an ihm festklammerte, in besonderer Obhut gehalten. So war er schon früh Zielscheibe der Nachstellungen anderer Kinder. Umso mehr suchte er die Nähe seiner Mutter. Und das entfremdete ihn noch mehr den Gleichaltrigen. Sein Vater versuchte gegenzusteuern, doch dessen überzogene Versuche endeten für Jens immer nur in einer umso größeren Niederlage. Selbst heute ist er der Vereinnahmung durch seine Mutter nicht entkommen. Er versucht, sich von ihr frei zu machen, doch er weiß nicht wie, er verletzt sie und fühlt sich schuldig dabei. Er versucht, Kontakt zu anderen aufzubauen und biedert sich ihnen dabei an. Doch genau das macht ihn wertlos für sie. Er wird immer wieder zurückgestoßen.

GERHARD stammt aus einer wohlhabenden und gebildeten Familie. Er und seine beiden Brüder hatten ihren Freiraum; es gab klare Grenzen, klare Regeln und klare Ansagen. Respekt vor den Eltern, vor den Brüdern und anderen Familienmitgliedern, Höflichkeit und die Beherrschung von Formen wurden wichtig genommen und waren nicht nur Äußerlichkeiten. Vielleicht wäre das Klima in anderen Familien wärmer gewesen, doch die Wertschätzung, die jedes Kind genoss, war immer beständig, selbst als sich die Eltern trennten. Auch seine Brüder sind hochsensibel. Sie alle durften und sollten ihren eigenen Weg gehen. Einer ist als Musiker erfolgreich, der andere ist Physiker, und Gerhard hat die Firma übernommen, die er mit viel Gespür und Umsicht auch durch Krisen geführt hat. Daneben sammelt er Kunst und engagiert sich in einer Wohltätigkeitsorganisation. Seine hohe Sensibilität und sein unabhängiger Geist machen ihn zu einem geschätzten Gesprächspartner und zu einem liebevollen Partner und Vater.

Sie fallen meist nicht auf: Hochsensible Frauen

Kleinen Mädchen wird eher zugestanden, hochsensibel zu sein, als kleinen Jungen. Für Frauen ist es daher eher möglich, sich die Begabung der hohen Sensibilität zu bewahren und sie zu entfalten. Der traditionellen Rollenverteilung entsprechend werden Frauen gewöhnlich geschätzt, wenn sie sich in ihren Nächsten einfühlen, sich anpassen und die Bedürfnisse des anderen mit Fürsorge und Tatkraft erfüllen. Und so fallen hochsensible Frauen oft gar nicht besonders auf.

Genau darin kann jedoch das Problem liegen: Die hohe Sensibilität ist wohlgelitten, wenn sie sich für die anderen, für die Familie, für die Allgemeinheit günstig auswirkt. Die innere und die äußere Bestätigung für diese Fürsorge verstärkt das beschriebene Anpassungsmuster. Die traditionelle Frauenrolle erscheint dann zunächst wie eine ideologische Überhöhung der hohen Sensibilität und der Anpassung an die anderen, die mit dem Verlust der eigenen Körperwahrnehmung bezahlt wird. Eine hochsensible Frau passt zunächst besonders gut in diese Rolle. Sie spürt sich dann oft selbst nicht mehr, kann nicht für sich sorgen, überfordert sich und überschreitet dabei ständig ihre eigenen Grenzen und häufig auch die der anderen.

Doch zugleich sind es hochsensible Frauen, die besonders intensiv spüren können, dass sie damit zu kurz kommen und immer nur das Nachsehen haben. Wenn sie nicht in der Verbitterung stecken bleiben wollen, werden sie sich meist irgendwann ihrer eigenen Wesensart bewusst. Mancher Partner ist völlig überrascht, wenn er erfährt, dass seine Frau hochsensibel ist. So sind doch alle Frauen, denkt er und streitet es ab. Vor allem soll sie an sich nichts ändern. Denn das erscheint bequem für ihn, die Familie und alle anderen. Zunächst ...

Der Preis für die Selbstaufopferung
Hochsensible Frauen fallen gewöhnlich erst dann auf, wenn sie mit ihrer hohen Sensibilität stören und die hohe Sensibilität sich mit ihren negativen Seiten bemerkbar macht: mit Reizbarkeit, Empfindlichkeiten, Symptomen, Krankheiten, mit Launen, Verbitterung und oft auch mit Zickigkeiten. Diese Störungen sind der späte Preis dafür, es anderen immer nur recht zu machen. Er wird bezahlt von den Frauen selbst ebenso wie von den anderen, die all das ertragen müssen. Die Vorstellung, die viele Menschen von den Hochsensiblen haben, wird weitgehend von dieser ungünstigen Verkettung geprägt.

Doch auch manche hochsensible Frau wehrt sich dagegen, ihr altes Muster zu verändern und Selbstverantwortung für sich und ihr Wohlergehen zu übernehmen. Schließlich identifiziert man sich mit all den edlen Überhöhungen des eigenen Unvermögens: mit so hohen Werten wie Selbstlosigkeit, Hilfsbereitschaft und Opferbereitschaft.

Überboten werden diese mentalen Überhöhungen der defizitären Selbstlosigkeit noch von dem Bild der sich aufopfernden Mutter. Zum Sichaufopfern gehört immer auch das Überschreiten von Grenzen: der eigenen Grenzen beim selbstlosen Einsatz und der Grenzen der anderen, für die man sich opfert, ob sie es nun wollen oder nicht.

Wer sich mit der Selbstaufopferung identifiziert, übergeht sich selbst, ignoriert die eigenen Bedürfnisse und vereinnahmt stattdessen den anderen, okkupiert dessen Befindlichkeit und Bedürfnisse, macht sie sich zu eigen. Diese Frauen spüren nicht sich, sondern sie spüren den anderen, als wären sie er. Und der andere, den sie auf diese Weise besetzt haben, soll sich bitte so verhalten, wie sie sich verhalten würden und es erwarten. Er geht sich selbst verloren, bleibt im Konflikt zwischen Symbiose und Vereinnahmung gefangen, wenn er sich dem nicht entziehen kann. Der äußere Konflikt mit dem Opfer der wohlgemeinten Übergriffe ist schon von vornherein angelegt.

Man opfert sich jetzt in edler Überhöhung, Zahltag ist später. Dann, wenn man merkt, dass man selbst davon nicht satt wird, fordert man seinen Ausgleich für all die Opfer, die den anderen oft nur belastet haben.

Viele hochsensible Frauen berichten davon, dass sie stark sein können – für andere. Sie wirken souverän und stabil. Sie setzen sich für andere ein, stehen ihnen mit Rat und Tat zur Seite, erbringen berufliche Höchstleistungen. Diese Stärke verlässt sie oft genau dann, wenn es um ihre eigenen Belange geht. Oft ahnt niemand, dass sie dann auch einmal Hilfe bräuchten, z.B. wenn sie wieder einmal weit über ihre eigenen Grenzen gegangen sind. Identifiziert mit dem Wert der Hilfsbereitschaft, sind sie oft nicht imstande, selbst um Hilfe zu bitten. Dann fallen sie häufig in ein Loch, und da ist dann niemand, der sie auffängt oder ihnen wieder heraushilft.

Seltener, doch viel spektakulärer sind jene Frauen, die wie unter einem Diktat ihrer eigenen Bedürfnisse und Befindlichkeiten stehen und mit den Entgleisungen ihrer eigenen Sensibilität oft ganze Familien beherrschen. Sie haben gelernt, Schwäche und Empfindlichkeit zur Durchsetzung ihrer Bedürfnisse einzusetzen. Offen bleibt, ob sie tatsächlich hochsensibel sind oder ob sie diese Empfindlichkeit nur als Erfolgsmuster entwickelt haben. Ihr Spiel mit den anderen läuft nur so lange, wie die anderen bereitwillig mitwirken.

MONIKA ist geschieden und hat einen vierzehnjährigen Sohn. Einst war sie als Ehefrau ganz aufgegangen in der Fürsorge für ihren Mann. Als sie erkannte, dass sie sich selbst dabei verloren hatte und mit ihren Bedürfnissen zu kurz gekommen war, ließ sie sich scheiden. Jetzt wertet sie ihren Mann ab und macht ihn für das Scheitern der Ehe verantwortlich. Männer gelten für Monika als unsensibel, während sie sich mit der hohen Sensibilität identifiziert. Wenn ihr Sohn Kontakt zu seinem Vater hält, leidet sie darunter.

Heute opfert sie sich ganz in der Fürsorge für ihren Sohn auf, der inzwischen gesundheitliche Probleme entwickelt: Entzündungen der Kniegelenke und häufige Sportverletzungen. Sie ist nicht in der Lage, Zusammenhänge zwischen den Symptomen ihres Sohnes, ihrer vereinnahmenden Fürsorge für ihn und ihrer Ablehnung von allem, was männlich ist, zu erkennen.

Zwischen Anpassungsdruck und Idealisierung: Hochsensible Kinder

Hochsensible Kinder sind ausgesprochen gute Beobachter. Sie nehmen schon früh all die Dinge und Erscheinungen ihrer Umgebung in sich auf. Am liebsten ist es ihnen, wenn sie keinen großen Veränderungen ausgesetzt sind, wenn alles verlässlich beim Alten bleibt. Für Abwechslung mit allerlei Dekorationen und Mobiles über dem Babybettchen muss man nicht sorgen, eher für Verlässlichkeit und Beständigkeit. Schnell sind sie überreizt. Dann helfen weder Besorgtheit noch allerlei verzweifelte Bemühungen, sie zur Ruhe zu bringen, sondern die spürbare, sinnliche Anwesenheit einer Mutter, die selbst ruhig ist und in der Lage, Ruhe auszustrahlen.

Suchen Erwachsene auf ihren Urlaubsreisen Tapetenwechsel und Anregungen, um sich zu erholen, so stellt genau eine solch fremde Umgebung für hochsensible Kinder eine besondere Herausforderung dar. Wenn es ihnen zu viel wird, können sie die Erholung der Eltern nachhaltig stören. Oft erst beim zweiten oder dritten Aufenthalt fühlen sie sich auf demselben Bauernhof oder im selben Ferienhaus wohl.

Hochsensible Kinder brauchen oft beträchtliche Zeit, um sich an neue Verhältnisse zu gewöhnen. Selbst wenn es um neue Spiele oder Sportarten geht, zögern sie häufig, bis sie sich zum Mitmachen entschließen können.

THORBEN, der selbst nicht hochsensibel ist, berichtet bei meinem Vortrag über hochsensible Kinder über den zehntägigen Urlaub mit seinem Dreijährigen an der See: Alle seine Versuche, seinen hochsensiblen Sprössling zum Baden im Meer zu animieren, blieben erfolglos. Jakob interessierte sich ganz offensichtlich für Wasser und Wellen, hielt sich jedoch selbst fern davon und spielte lieber im trockenen Sand. Am letzten Tag war es endlich so weit: Der Kleine hatte offenbar nach langer Observierung mögliche Gefahren beim Waten im Wasser als einigermaßen beherrschbar befunden und genoss nun sichtlich das Spielen im flachen Wasser. Jetzt freute sich der Vater, auch darüber, dass er nicht der Versuchung erlegen war, die Grenzen seines Sohnes durch Manipulation unterlaufen oder durch Zwang verletzt zu haben: Jakob hatte sich ganz eigenständig die faszinierende Welt des Meeres erobert!

Auf der einen Seite sind hochsensible Kinder sehr gutgläubig, auf der anderen kann man ihnen nichts vormachen. Man kann ihnen z.B. keine heile Welt vorspielen, sie leiden unter verborgenen Spannungen genauso wie unter offenen Konflikten. Die Eltern stehen daher vor der großen Herausforderung, mit Schwierigkeiten in ihrer Beziehung sowohl wahrhaftig als auch mit Achtung und gegenseitigem Respekt umzugehen und Konfliktkultur zu entwickeln. Ebenso brauchen die Kinder selbst und damit auch ihre Grenzen und Reviere Achtung und Respekt.

ILONA, die einen Vortrag über hochsensible Kinder besucht hatte, erzählte mir später folgende Geschichte: Ihr siebenjähriger hochsensibler Sohn hatte sich an einer Kerze die Finger verbrannt. Sie sprang sofort auf und holte Brandsalbe, um Nils damit zu versorgen. Der Junge wehrte ab. Früher hätte sie versucht, sich durchzusetzen, was regelmäßig zu Streit und Tränen geführt hatte. Sie erinnerte sich an meinen Vortrag und ganz besonders an die Passage, dass es häufig wohlmeinende Eltern sind, die die Grenzen ihrer Kinder nicht nur verletzen, sondern mit massiven Übergriffen das Revier des Kindes regelrecht besetzen: »Also zog ich die Notbremse!« Sie bot ihrem Sohn zunächst die Brandsalbe an, die er mit skeptischem Blick ablehnte. Daraufhin schlug sie ihm vor, die Brandsalbe erst einmal an einem nicht verbrannten Finger auszuprobieren. Das erlaubte er. Nachdem Nils sich überzeugt hatte, dass die Salbe nicht weiter schädlich war, ließ er es zu, dass Ilona den verbrannten Finger damit bestrich, vielleicht auch, um seiner Mutter einen Gefallen zu tun. (Die Frage, ob Brandsalbe in einem solchen Fall überhaupt »probat« ist oder ob ihr Einsatz unnötig und übertrieben war, soll hier nicht erläutert werden.)

Wahrnehmung und sinnliches Erleben
Der entscheidende Faktor, ob aus dem Kind ein glücklicher Hochsensibler wird, ist der Umgang mit der eigenen Wahrnehmung. Respektieren Sie darum die Wahrnehmung des Kindes, auch wenn Sie seinen Forderungen oder Wünschen, die sich daraus vielleicht ergeben, durchaus nicht entsprechen müssen. Trennen Sie die Wahrnehmung, die nicht anzuzweifeln ist, von den Schlussfolgerungen daraus, die durchaus unterschiedlich ausfallen und infrage gestellt werden können.

Der achtjährige MANUEL UND SEINE MUTTER geben ein Beispiel für die Trennung der Wahrnehmung von der Schlussfolgerung. »Mama, du sagst immer, dass Frau Steiner eine liebe, gute Nachbarin ist. Ich habe sie beobachtet, wie sie ist, wenn keiner sie anschaut. Sie tut nur nett. Sie ist neidisch und missgünstig. Und uns Kinder mag sie auch nicht.« Darauf die Mutter: »Ich höre, was du sagst. Trotzdem möchte ich, dass du freundlich zu ihr bist!«

Wichtig ist es, ein gutes Verhältnis des Kindes zu seiner eigenen Körperlichkeit zu fördern, um dem Verlust der Körperwahrnehmung durch mögliche Anpassungsversuche entgegenzuwirken. Durch Körperwahrnehmung kann es sich zentrieren und Reizüberflutung vermeiden. Ein direkter sinnlich-körperlicher Kontakt mit der Materie, mit Erde, Wasser, Bäumen und Tieren ermöglichen darüber hinaus konkrete Erfahrungen bei der Entdeckung der Welt und fördern die Bildung von Wahrnehmungsmustern, die sich günstig auf die Konzentrationsfähigkeit und das Lernen auswirken.

In diesem Zusammenhang sind gerade für hochsensible Kinder Bewegung und Sport wichtig. Das Leidige am Sport ist nur, dass die lauten, aggressiven, auf Rivalität und auf das Siegen ausgerichteten Kinder und die Trillerpfeifen von Sportlehrern ihnen die Freude daran verderben können und sie häufig in eine defensive Position drängen, aus der sie dann manchmal nicht mehr herauskommen.

Geeignet sind daher alle spielerischen, mit Geschicklichkeit und Köpfchen verbundenen Sportarten. Besonders förderlich sind für Hochsensible – ob Kind oder Erwachsener – alle ostasiatischen Disziplinen, ob Taichi oder Yoga, Judo, Wing Tsung oder Karate, weil sie den bewussten Umgang mit der Lebensenergie mit einschließen, die Selbstzentrierung und Ausrichtung der Energie. Kampfkünste und Selbstverteidigung erhöhen darüber hinaus das Sicherheitsgefühl und den Selbstwert.

Ein hochsensibles Kind braucht Zeit für Rückzug und die Verarbeitung all der Reize, die es aufnimmt und die es bedrängen können. Besonders intensiv findet es durch künstlerisches Gestalten, ob es nun Malen, Plastizieren, Musizieren oder Schreiben ist, zu sich selbst, es kann sich zentrieren und klären. Darüber hinaus erfährt es das Prozesshafte im kreativen Gestalten, das es ihm erleichtert, seine oft bedrängenden Vorstellungen von Vollkommenheit und von »fertigen« Ergebnissen zu verändern.

»Erziehungsmaßnahmen«
Hochsensible Kinder wollen von sich aus alles gut machen. Mehr noch: Sie wollen es besonders gut machen, sodass sie sich selbst mit ihrem hohen Anspruch plagen. Schimpfen oder Strafen sind deshalb völlig fehl am Platze. Ganz im Gegenteil, durch Ihr Verständnis und Ihre Klarheit können Sie dazu beitragen, dass Ihr Kind lernt, nachsichtig mit sich selbst zu werden. Eigene Fehler gehen einem hochsensiblen Kind oft noch lange nach. Es kritisiert sich selbst schon sehr radikal, sodass weitere Vorhaltungen ganz überflüssig sind. Helfen Sie dem Kind lieber, einen objekti-

ven Standpunkt einzunehmen und Wertschätzung für sich selbst zu entwickeln. Doch Vorsicht: Spielen Sie keine Wertschätzung vor und loben Sie nicht etwas, für das es sich selbst kritisiert. Sie würden dem Kind damit nur das Gefühl geben, dass es nicht einmal von Ihnen verstanden und ernst genommen wird und dass es ganz allein auf der Welt ist.

(Mancher Erwachsene ist an dieser Stelle vor ein Problem gestellt: Wenn Erziehung nicht aus Maßregelungen besteht – und viele Menschen haben diese merkwürdige Vorstellung –, was ist Erziehung dann? Zwar greift diese Frage zu weit über die Grenzen dieses Buches hinaus, als dass sie hier behandelt werden könnte, doch sei an dieser Stelle auf die Bücher von Jesper Juul und Jan-Uwe Rogge hingewiesen.)

Einfluss nehmen nicht nur die Eltern. Geschwister, Spielgefährten und Mitschüler und all die Figuren aus den Medien wirken auf das Kind ein. Gerade den Gebrauch der Medien kann man nicht verhindern, nur steuern, auch wenn hier vielleicht eine der größten Gefahren für hochsensible Kinder liegen dürfte.

Der Umgang mit dem Kind – und mit sich selbst

Nachdem Sie diese Seiten über hochsensible Kinder gelesen haben, werden Sie vielleicht zu dem Schluss gekommen sein, dass die meisten dieser Gesichtspunkte eigentlich für alle Kinder gelten sollten. Da gebe ich Ihnen völlig Recht. Hochsensible Kinder machen uns nur ganz besonders deutlich, was Kinder brauchen. Sie sind es, die als Erste sensibel und intensiv auf die verbreitete Art der »Aufzucht von Menschen« reagieren, die man in weiten Bereichen durchaus nicht als »artgerecht« bezeichnen kann.

Für hochsensible Eltern ist ein hochsensibles Kind ein wahrer Prüfstein: Wie gehe ich als Erwachsener mit meiner eigenen Sensibilität um? Bekämpfe ich im Kind meine eigene ungeliebte hochsensible Seite? Verzärtele ich das hochsensible Kind und packe es in Watte, weil ich selbst meine eigene Sensibilität nicht leben konnte? Manchmal sind es hochsensible Eltern, die ihre Kinder mit ihrer eigenen Empfindsamkeit noch zusätzlich belasten.

STEFAN, ein 53-jähriger Maschinenbau-Ingenieur, der zu mir zum Coaching kam, berichtet: »Als Junge befand ich mich ständig in einem Zweifrontenkrieg. Da draußen musste ich auf der Hut sein vor den anderen Jungen, gegenüber denen ich mich irgendwie behaupten musste. Und wenn ich nach Hause kam, erwartete mich eine andere Front: meine hochsensible Mutter. Ich durfte sie von den Nachstellungen und Kämpfen nichts wissen lassen, weil sie mir sonst mit ihren Ängsten und Einmischungsversuchen noch mehr zugesetzt hätte. Und mein Vater erfasste meine Situation nicht einmal und nervte mich mit klugen Ratschlägen, wenn er etwas davon erfuhr. Und das verletzte mich noch mehr.«

Das Verhältnis zu hochsensiblen Kindern kann sich in einem riskanten Feld zwischen Abwertung, Ignoranz, müßigen Anpassungsversuchen und einer noch gefährlicheren Idealisierung bewegen. Auch wenn das hochsensible Kind schon sehr viel verstehen kann, sollte man nicht vergessen, dass es ein Kind ist und dass es ein Recht darauf hat, Kind zu sein und seine unwiederholbare Kindheit zu leben. Die Idealisierung stellt nicht nur eine Überforderung für das Kind dar, sie ist oft auch ein Hinweis auf die gefährliche Verwischung der Rollen zwischen Eltern und Kindern, auf mögliche Vereinnahmung oder seelischen Missbrauch, der manchmal ganz liebevoll und fürsorglich daherkommt.

Hochsensible Kinder sind ein Geschenk für ihre Eltern und für die Welt. Sie brauchen Eltern mit sehr viel Klarheit, die ihre Grenzen respektieren und die in der Lage sind, ihnen Sicherheit zu vermitteln, sodass sie an ihren Grenzen wachsen können. Hochsensible Kinder spüren, was echt ist, was vermeintliche Erziehung ist und was tatsächlich von den Erwachsenen selbst gelebt wird. Sie stellen für die Eltern deshalb einen ständigen Anstoß für deren eigene Entwicklung dar.

Die eigene Wahrnehmung steuern lernen

Vielleicht haben Sie sich in der Beschreibung der Wesensart von Hochsensiblen wiedererkennen können. Und vielleicht erging es Ihnen wie mir damals, als ich auf das erste Buch von Elaine N. Aron stieß. Vielleicht konnten auch Sie erleichtert aufatmen, denn es tut gut, sich verstanden zu fühlen. Und vielleicht haben Sie sich und Ihre eigene Lebensgeschichte gespiegelt gesehen in meiner Beschreibung des Anpassungsprozesses, der dazu führt, dass aus der Begabung der hohen Sensibilität ein Defizit an Selbstwahrnehmung entsteht, auch wenn das schmerzhaft war. Nach der Erkenntnis der Zusammenhänge stellt sich mir die entscheidende Frage: Wie lassen sich diese schädlichen Mechanismen auflösen?

Lebensregeln aus der Schweiz
Neben Ernst Kretschmer (vgl. Seite 22) ist der Schweizer Seelsorger und Psychologe Eduard Schweingruber ein weiterer Vorläufer von Elaine N. Aron in der Geschichte der Entdeckung der hohen Sensibilität. 1934 erschien in Zürich sein schmaler Band *Der sensible Mensch* mit dem Untertitel »Psychologische Ratschläge zu seiner Lebensführung«. Schweingruber empfiehlt »Verzicht auf Uneigenes«, »Erlebnisdiät« und rät dem Sensiblen als Lebenseinstellung Sachlichkeit und die Hingabe an etwas Größeres als die eigene Person. Für die Lebenskunst stellte er folgende drei Regeln auf:

Man solle immer »vom Nullpunkt aus« leben. Das heißt für den einen, sich die nötigen »Abreaktionen« zu verschaffen, für den anderen, für Sammlung zu sorgen. Auf diese Weise kann man Geschehnisse verdauen und immer wieder zu sich kommen.

Die zweite Regel fordert, die Verbindung mit der »vitalen Grundschicht« zu pflegen. Der Sensible hat dafür »Ruhe-Übungen« nötig und braucht »das gymnastische Körper-Erlebnis«. Zusätzlich zu genügendem Schlaf empfiehlt Schweingruber die »Ruhe-Einkehr« im Wachsein und schöpferische Pausen.

Die dritte Regel lautet »entspannt-konzentriert sein in der Arbeit, im Spiel, im Umgang mit den Menschen«. Die dauernde »Grundentspanntheit ist nur möglich bei eindeutiger Konzentriertheit auf das Jetzt und Hier.« Er fordert also Bewusstheit.

Eduard Schweingruber stellt sinnvolle Regeln auf zur »Selbsterziehung« für ein bewusstes und beschauliches Leben in einer Zeit, die noch nicht von Informationsflut, Globalisierung und ständig wachsendem Leistungsdruck geprägt war. Seine Empfehlungen gelten heute noch genauso wie damals. Integrieren Sie so viel davon in Ihren Alltag, wie es Ihnen möglich ist. Ich versuche, mir auch immer wieder Zeit zur Klärung zu nehmen, ohne die meine Arbeit mit anderen Menschen gar nicht möglich wäre, freue mich, wenn ich ab und zu »Ruhe-Übungen« praktizieren kann, und ich weiß das regelmäßige »gymnastische Körper-Erlebnis« zu schätzen. Doch die meisten von uns stoßen bei solchen Bestrebungen auf enge Grenzen.

Die zu verarbeitenden Außenreize, die uns bestürmen, haben exponentiell zugenommen, die Anforderungen im beruflichen, gesellschaftlichen und privaten Bereich haben sich erhöht, und auch die Ansprüche, die jeder Einzelne an sich, an seine Entfaltung, an seine Teilhabe an der Welt und an sein Lebensglück stellt, sind gestiegen. Der Rückzug aus der Welt ist damit viel schwerer geworden.

Auch liegt in so viel Selbstbesinnung und Rückzug eine Gefahr: Wer so viel »Erlebnisdiät« betreibt, ist eventuell gar nicht in der Lage, sich im erwünschten Maße beruflich zu entfalten, sein Licht leuchten zu lassen, um seinen Beitrag einzubringen. Der Gesellschaft gehen damit kreative Potenziale und wichtige Impulse für Korrekturen und Veränderung verloren.

Die Rolle der Wahrnehmung
Der entscheidende Faktor, durch den Hochsensible sich von anderen unterscheiden, ist die Wahrnehmung. Wir nehmen anders wahr und haben deshalb allen Grund, uns tiefgehend mit unserer besonderen Begabung zu beschäftigen.

Wenn man Schweingrubers Empfehlungen zusammenfasst, beziehen sie sich darauf, die Menge der Reize, die man wahrnimmt, dadurch zu reduzieren, dass man sich von ihnen fernhält und »Erlebnisdiät« betreibt, und dass man nach oder vor der Begegnung mit der Außenwelt für innere Verarbeitung, Klärung und Stärkung sorgt. Vorschläge für die Wahrnehmung selbst und für den Moment, in dem Wahrnehmung geschieht und in dem wir der Außenwelt und ihren Anforderungen begegnen, unterbreitet er jedoch nicht.

Um Lösungen zu entwickeln, die für uns notwendig sind, wenn wir heute leben, uns entfalten und unseren Beitrag in dieser Gesellschaft leisten wollen, interessiert mich genau der Vorgang der Wahrnehmung. Zunächst habe ich mir selbst dabei »zugeschaut«. Als ich mehr Erfahrungen gesammelt hatte, konnte ich mich auch mit anderen darüber austauschen, und inzwischen finde ich meine Erkenntnisse bei den vielen Seminarteilnehmern und bei meinen Klienten immer wieder bestätigt.

REFLEXION
- Was erkennen oder wissen Sie von der Welt, das Sie nicht wahrgenommen haben?
- Was erkennen, wissen, fühlen oder spüren Sie von sich selbst, das Sie nicht wahrgenommen haben?
- Wahrnehmung stellt nicht nur Ihre einzige Verbindung zur Welt her, sondern auch Ihre einzige Verbindung zu sich selbst.

Wahrnehmung – mehr als sehen, hören, spüren, riechen, schmecken

Früher ging es mir auch so: Die Eindrücke in der Stuttgarter Königstraße, der Besuch im Louvre, der Bummel durch die Londoner City (Achtung: Linksverkehr! Auch unter Fußgängern) überforderten mich. Die vielen Reize, Eindrücke und Menschen, all das war für mich ein energetischer Aderlass. Ich war kaputt, und je schwächer ich mich fühlte, desto intensiver prasselten all diese Reize auf mich ein, sodass ich mich nur noch wie ein Opfer der Welt da draußen fühlen konnte, auch wenn sie mich mit all ihren Schönheiten so sehr anzog.

Selbst meine erste Bergwanderung wurde zu einem Fiasko, denn ich wusste noch nicht, mit der Wahrnehmung und meiner Energie dosierend und steuernd umzugehen. Ich bewunderte all die imposanten und die unscheinbaren Schönheiten um mich herum, verlor mich selbst in ihnen und blutete energetisch dabei aus. Als ich zum Abendessen wieder bei der Hütte anlangte, war mir beinahe schlecht, und ich konnte nichts essen, obwohl ich doch hungrig war, der Solarplexus spielte regelrecht verrückt.

Wahrnehmung ist der zentrale Punkt im Leben eines Hochsensiblen. Sie ist seine größte Stärke und Begabung und kann zugleich sein größter Schwachpunkt sein, wenn er nicht gelernt hat, damit umzugehen. Probleme mit der Wahrnehmung haben v.a. die Hochsensiblen, die versucht haben, sich anzupassen und ihre hohe Sensibilität zu unterdrücken. Sie haben dadurch die Wahrnehmung ihrer selbst verloren und damit auch den Bezug zu sich selbst. Sie haben sich auf diese Weise den Reizen der Welt da draußen ausgeliefert.

Wenn unsere eigene Wahrnehmung uns schwächt

Die meisten Hochsensiblen laugt der Kontakt mit anderen Menschen aus. Ebenso kann uns ein Einkaufsbummel »schaffen«. Wir verlieren dabei Energie. Sogar in einer faszinierend schönen Landschaft kann uns energetisch die Luft ausgehen, so wie es

> **EIN ANGELESENER HOHER SELBSTWERT ALS LÖSUNG?**
> Das Leck im Lebensschiff der Hochsensiblen, die nicht so sein konnten, wie sie geschaffen sind, befindet sich genau an diesem zentralen Punkt: bei der Wahrnehmung. Darum halte ich es für entscheidend, nicht etwa bei der Erhöhung des Selbstbewusstseins anzusetzen, sondern bei diesem entscheidenden Vorgang: Wenn man es gelernt hat, bewusst mit seiner Wahrnehmung umzugehen, verändert sich das Leben grundlegend und damit auch das Lebensgefühl. Der Selbstwert erhöht sich in der Folge ganz von allein.

mir damals als Student in den Bergen erging. Beobachtet man die Wahrnehmung der betroffenen Hochsensiblen genauer, dann entdeckt man gewöhnlich, dass sie mit ihrer Aufmerksamkeit nur im Draußen waren: Im Gespräch waren sie ganz beim anderen, sie haben ihn gut verstanden, sich in ihn eingefühlt. Sich selbst haben sie dabei nicht mehr gespürt. Und genau das schwächt.

Beim Einkaufen nehmen viele unter uns Hochsensiblen nur die Eindrücke da draußen auf, die auf uns einstürmen. Je mehr wir unsere Wahrnehmung nach außen richten, desto leichter können wir uns bedroht fühlen, was wiederum dazu führt, dass wir unsere »Hab-acht-Haltung« verstärken, uns anspannen und unsere Wahrnehmung noch mehr nach außen richten, was wiederum dazu führt, dass wir uns noch mehr überwältigt fühlen ... Oft genug beginnt in einer solchen Situation ein Teufelskreis.

Wahrnehmung und Energie
Aufmerksamkeit ist Energie. Darum tut es uns auch so gut, wenn wir liebevoll wahrgenommen und beachtet werden. Kinder brauchen diese Energie und holen sie sich – »Mutti, guck mal!« – ganz unverstellt. Sie können nicht genug davon bekommen. Selbst die Aufmerksamkeit, die ein kleiner Störenfried erhält, ist

für ein Kind offenbar immer noch besser, als gar keine Beachtung und Energie zu erhalten. Also stören sie so lange, bis sie wahrgenommen werden. Erwachsenen geht es ähnlich. Sie werden gewöhnlich viel zu wenig beachtet. Ihnen fehlt Aufmerksamkeit und Resonanz auf ihre Bemühungen. Wie viele Störungen von Betriebsabläufen, wie viele als Mangel an Sinn erlebte Energiekrisen dürften in der fehlenden Beachtung ihren verborgenen Ausgangspunkt haben?

Wer seine eigene Aufmerksamkeit nur nach außen richtet, der verliert laufend Energie und blutet aus. Er schwächt sich durch seine Wahrnehmung auf die Dauer selbst. Wahrnehmung und Aufmerksamkeit sind der Schlüssel zur Ausrichtung der eigenen Lebensenergie. Mit dem bewussten Umgang mit unserer Wahrnehmung steuern wir unseren eigenen energetischen Zustand. Um es auf eine einfache Formel zu bringen: Sie können lernen, mit Ihrer Wahrnehmung bei sich zu bleiben und zentriert zu sein und dennoch die Welt da draußen nicht aus dem Auge zu verlieren. Erst dann können wir Hochsensiblen den Gang über den Weihnachtsmarkt oder den Bummel durch die Stadt genießen. Die Steuerung der Wahrnehmung ermöglicht ein höheres Maß an Energie, Entfaltung und mehr Lebensfreude.

Wahrnehmung: Ein aktiver Vorgang – passiv erlebt
Wir alle haben das Wahrnehmen gelernt. Wir wissen es nur nicht mehr. Wahrnehmung ist zu einem automatischen Prozess geworden, der für die meisten Menschen ohne bewusste Steuerung abläuft. Meist wird das Wahrnehmen als passiv erlebt. Das ist jedoch unzutreffend. Wahrnehmen ist ein aktiver Akt, er kann durch bewusste Entscheidungen verändert werden.

Statt sich von den Reizen dort draußen bestimmen zu lassen und nur auf sie zu reagieren, können Sie lernen, Ihre Wahrnehmung auszurichten. Das machen Sie längst in Situationen, in denen Sie sich auf bestimmte Tätigkeiten konzentrieren. Ich schreibe z.B. gerade an meinem Laptop diesen Text. Nebenan wird die alte Villa umgebaut, die Handwerker klopfen und hämmern, entfernen den alten Putz. Ich registriere diese Geräusche kurz, richte meine Aufmerksamkeit jedoch auf meine Arbeit. Nach einer Weile nehme ich das Klappern, das bekanntlich zum Handwerk gehört, nicht mehr wahr. Ich höre nur noch das Geklapper der Tastatur beim Eingeben des Textes. Das Gebläse in meinem Laptop blende ich übrigens auch aus. Jetzt habe ich daran gedacht und vernehme es wieder. Ich halte inne, höre das Ticken der Uhr auf dem Regal. Dann stehe ich auf, blicke aus dem Fenster und nehme die Geräusche von der Baustelle wahr. Ich entscheide mich, dem Gesang der Amseln im Garten Raum zu geben, das Hämmern und Klopfen tritt zurück. Ich spüre mein ruhiges Atmen, das Bedürfnis, mich zu strecken, die Muskeln anzuspannen und wieder zu entspannen, und atme nun tiefer durch.

Für Hochsensible nur bedingt geeignet: Das Konzept der Achtsamkeit
Vielleicht fühlen Sie sich bei der Lektüre dieser Seiten über die Wahrnehmung an das Konzept der »Achtsamkeit« von Jon Kabat-Zinn und anderen erinnert (bekannt unter dem Namen *Stressbewältigung durch Achtsamkeit* oder *Mindfulness based Stress Reduction*). Meine Beobachtung an Hochsensiblen, die z.B. in einer Rehaklinik die Wahrnehmungsmethode der Achtsamkeit erlernt haben, zeigt, dass sie danach den alltäglichen Erfordernissen ihres Lebens oft noch weniger entsprechen konnten. Häufig zogen sie sich noch mehr aus Kontakten zurück (»Ich habe deutlich gespürt, dass mir meine beste Freundin nicht guttut«) oder sie litten sogar stärker an der rauen Welt und erklärten sich außerstande, ihren Lebensunterhalt zu verdienen (»Aber ich fühle doch, dass diese Arbeit nichts für mich ist und nicht meinem Wesen entspricht!«). Den für Hochsensible typischen Konflikt zwischen Anpassung und Selbstüberforderung auf der einen Seite und Rückzug und Unterforderung, dem »Sich-in-Watte-Packen«,

auf der anderen Seite kann die Achtsamkeit weiter anheizen – nicht durch Intensivierung der Anpassung wie bisher, sondern durch Verstärkung der Unterforderung und Schonung. Es ist jedoch derselbe alte Konflikt.

Das Konzept der Achtsamkeit greift bei Hochsensiblen zu kurz. So werden bei der Achtsamkeit mit der Wahrnehmung der störenden Reize und Missempfindungen auch die eigenen sensiblen Reaktionen darauf stärker wahrgenommen. Auf diese Weise kann es zu einem Teufelskreis kommen, bei dem die Empfindsamkeit und das Leiden daran eskalieren.

Um aus diesem Dilemma herauszukommen, reicht es nicht, nur die gewissermaßen »naive« Wahrnehmung des Körpers wieder zurückzugewinnen. Darum geht mein Konzept einen entscheidenden Schritt weiter: Sie lernen, Ihren Körper wahrzunehmen, und darüber hinaus lernen Sie auch noch, die Wahrnehmung selbst wahrzunehmen: Sie können dann bewusst mit den Reizen umgehen, sie relativieren, steuern und dosieren.

Wichtig ist mir in dem Zusammenhang auch, die Wahrnehmung strikt von den Schlüssen zu trennen, die man aus ihr zieht. So kann ich z.B. durchaus wahrnehmen, dass die Arbeit anstrengend und mit Stress verbunden ist, und trotzdem zu dem Ergebnis kommen, auch morgen wieder zur Arbeit zu gehen, weil ich schließlich die Miete zahlen muss und dafür noch keine andere Lösung gefunden habe.

Wahrnehmung ist relativ
Wenn zwei Menschen in derselben Situation sind, nehmen sie noch lange nicht dasselbe wahr. Das Gehirn nimmt abstrakte Reize auf und baut daraus unsere Sinneseindrücke von der Wirklichkeit. Längst kann es – auch bei uns Hochsensiblen – nicht alle Reize berücksichtigen, es sind viel zu viele. Es filtert und lässt die Reize zu uns durchdringen, die ihm wichtig erscheinen. Mit einem anderen Filter, mit anderen Vorgaben, Annahmen und Bewertungen entsteht auch ein anderes Bild von der Welt.

Wahrnehmung ist durchaus nicht objektiv. Den Rasenmäher des Nachbarn, der uns sympathisch ist, überhören wir leicht, während der Mäher des ungeliebten Nachbarn uns auf die Nerven gehen kann. Was für den einen Lärm ist, kann für andere Musik bedeuten. Unsere Wahrnehmung ist geprägt von unseren Interessen und Erwartungen, von unseren Wünschen und Bedürfnissen, von unserem Wissen, unseren Erfahrungen und Vorerfahrungen, von unseren Theorien, Konzepten und Programmen, von unseren Werten und Bewertungen, von den Bedeutungen, die wir den wahrgenommenen Reizen geben.

WÄHREND EINES SEMINARS über den konstruktiven Umgang mit der Lebensenergie spüre ich plötzlich Unruhe unter den Teilnehmern. Eine Frau bittet mich leicht aggressiv, doch endlich für Ruhe draußen im Flur zu sorgen. Sie könne sich gar nicht auf das Thema konzentrieren. Ich hatte die Geräusche zwar registriert, doch nicht weiter wahrgenommen. Kinder hatten das Gebäude gestürmt und richteten sich nun im benachbarten Seminarraum ein. Ich erklärte meinen Teilnehmern, dass es sich da draußen um etwas sehr Erfreuliches handele. Engagierte Gemeindemitglieder gaben den aus dem Ausland stammenden Kindern zusätzlichen Deutschunterricht, um sie besser zu integrieren und ihre Chancen zu erhöhen. Diese Bewertung entspannte die Seminarteilnehmer, die sich nun nicht mehr gestört fühlten. Noch weiter ging die Wirkung meiner Bemerkung, dass es sich bei dem »Lärm« der Kinder um Freude, um pure Äußerungen der Lebensenergie handele. Durch Annahme, Sympathie und ein »Mitschwingen« mit der Freude der Kinder könnten sie auch ihre eigene Energie beleben.

Fallen im eigenen Kopf
Reize, die sich bewegen, nehmen wir stärker wahr als statische Reize, und je schneller sie sich bewegen, desto intensiver. Jeder Hundebesitzer – und jeder Jogger – weiß, dass Bello (»Er will nur spielen!«) an einem laufenden Jogger mehr Interesse bekundet als an einem auf einer Bank sitzenden Wanderer (es sei denn, der Wanderer vespert ein Wurstbrot). Ebenso nimmt das Gehirn

neue Reize deutlicher wahr als schon bekannte Reize. Neue Reize überdecken die gewohnten. Dieser Mechanismus hat unseren Vorfahren eindeutige Überlebensvorteile geboten: Veränderungen und neue Gefahren werden rechtzeitig erkannt ebenso wie unerwartete Nahrungsangebote. Das Gehirn sucht sogar aktiv ständig nach neuen Reizen. In Zeiten der Informationsflut und der sich beschleunigenden Entwicklung stellt diese Funktionsweise des Gehirns eine gefährliche Falle dar, der kaum jemand so leicht entgeht. Klienten berichten mir, sie kommen nach Hause und wollen eigentlich nur noch ihre Ruhe haben, und dann stellen sie doch wieder den Fernseher an, der sie am Ende noch mehr überreizt.

Die unbewusste Verstärkung störender Reize
Stellen Sie sich vor, Sie machen eine Bergwanderung: Sie genießen den wunderbaren Blick auf die Bergkette im Hintergrund. Sie ziehen die würzige Bergluft in Ihre geweiteten Lungen ein, spüren die Kraft in Ihren Beinen, Sie lauschen dem Tirilieren der Vögel und dem Konzert der Kuhglocken, folgen mit dem Blick dem Flug einer Hummel von Blüte zu Blüte, beißen mit Lust in Ihr Jausenbrot, und weiter geht es frohen Mutes. Doch dann nehmen Sie plötzlich nur noch einen Reiz wahr, und alles andere verschwindet: das Piepsen der Vögel, das Gebimmel der Rindviecher, die dumme Hummel ... Sie spüren nur noch die eine Stelle an Ihrem linken Fuß! Nur noch diese eine schmerzende Stelle. Sie sind gezwungen, mit verknackstem Knöchel zur Station der Bergbahn zurückzuhumpeln.

Störende Reize werden von unserem Nervensystem verstärkt, damit sie nicht so leicht ignoriert werden können. Die Verstärkung fordert uns auf, etwas zu unternehmen, um die Störung abzustellen. Das macht Sinn. In diesem Regelkreis kann man sich jedoch auch verfangen, wenn man nicht aufpasst. Nicht bei allen störenden Reizen kann man Abhilfe schaffen. Oft haben wir auf die Ursache von Reizen, die uns treffen, gar keinen Einfluss.

Je mehr wir uns an ihnen stören, desto intensiver nehmen wir gerade diese Reize wahr.

Viele Hochsensible verstärken unwissentlich die Reize, die sie überfordern und gegen die sie sich wehren. Dadurch wirken genau diese Reize noch stärker auf sie, was wiederum nur dazu führt, diese Reize noch vehementer abzulehnen. Die Erkenntnis dieses Zusammenhangs kann das Leben grundlegend verändern und uns davor bewahren, am Ende in einer Welt zu leben, die nur noch von störenden Reizen bestimmt wird. Es geht darum, auch das anzunehmen, was uns stört und das wir nicht verändern können. Der Umgang mit der eigenen hohen Sensibilität erfordert auch die Entwicklung einer geistigen Haltung der Annahme und Akzeptanz der Menschen, so wie sie sind, und des Lebens, so wie es ist. Ich muss zugeben, dass gerade das für Hochsensible mit unserer inneren Vorstellung von Harmonie, Ausgleich und Vollkommenheit nicht gerade eine leichte Aufgabe ist.

Selbstzentrierung durch bewusste Wahrnehmung

Lassen Sie uns den Weg zu einer besseren Selbstzentrierung mit einem ganz einfachen Experiment beginnen.

> **ÜBUNG**
> - Was nehmen Sie in diesem Moment gerade wahr? Registrieren Sie es.
> - Und jetzt wenden Sie sich der Frage zu, was Sie alles nicht wahrgenommen haben.

Wenn Sie diese Übung ausführen, werden Sie merken, dass es zu jedem gegebenen Zeitpunkt viel mehr Reize gibt, als die, die Sie wahrgenommen haben. Sie hätten auch ganz andere Reize aufnehmen können. Damit Sie das, was Sie zuerst wahrgenommen haben, wahrnehmen konnten, mussten Sie auf diese Eindrücke verzichten. Wahrnehmung ist unter anderem ein Filterungsvorgang. Die Wahrnehmung bestimmter Reize gelingt nur durch den Verzicht auf die Wahrnehmung anderer Reize. Die Menge der wahrgenommenen Reize in einem Moment ist begrenzt. Es sollen, so sagen Untersuchungen, sieben (plus/minus zwei) Reize sein. Diese einfache Tatsache, dass die Menge der Reize begrenzt ist, gilt auch für Hochsensible (wenn es bei ihnen auch mehr sein können). Sie ermöglicht es, die Reize tatsächlich selbst zu wählen und die Wahrnehmung selbst zu steuern.

Mit anderen Worten: Wenn ich dieses Buch vor mir sehe und den Text lese, meine Gedanken dazu wahrnehme, die angenehme Wärme spüre, das Schnurren der Katze höre, ihre Schwere auf meinem Bauch und mein eigenes tiefes Atmen spüre, dann ist es möglich, dass ich die Autos auf der Straße gar nicht mehr wahrnehme, an denen andere sich vielleicht stören könnten.

Wenn Sie ein paar Mal mit dieser Übung experimentiert haben, können Sie anfangen, diese einfache Methode auch draußen in der freien Wildbahn zu erproben: Wie erleben Sie jetzt den Stadtbummel, wenn Sie Ihre Aufmerksamkeit zwischen Außenreizen und Innenreizen teilen und mit Ihrer Wahrnehmung zum Teil bei sich sind? Wenn Sie z.B. zugleich Ihren Atem spüren, Ihren Bauch, die Kraft in Ihren Muskeln, die Freude über diese unscheinbare und doch so wirkungsvolle Veränderung? Sie sind den Reizen nicht mehr ausgeliefert, Sie können zwischen den Reizen wählen und sie bereits ein wenig dosieren.

Wer sich selbst nicht wahrnimmt und seine Aufmerksamkeit überwiegend nach außen richtet, ist energetisch nicht bei sich. Das hat Konsequenzen für den eigenen Energiehaushalt. Er verliert dabei zu viel Energie. Und mehr noch: Er ist nicht zentriert. Er wird leicht übergangen, weil er gar nicht bei sich ist. Sein Posten im Leben ist nicht besetzt. Er wird energetisch nicht wahrgenommen und oft nicht respektiert.

ÜBUNG

Nehmen Sie wieder wahr, was Sie gerade wahrnehmen, und registrieren Sie es.

- Was haben Sie mit welchen Sinnen wahrgenommen? Mit den Augen, mit den Ohren, mit dem Körper, mit der Nase, mit dem Geschmackssinn?
- Wenn Sie sich jetzt erneut fragen, was Sie gerade wahrnehmen, und es registrieren, werden Sie wahrscheinlich eine andere Kombination von Reizen wahrgenommen haben – durch Ihr Wissen um andere Möglichkeiten.
- Nehmen Sie wieder wahr, was Sie gerade wahrnehmen. Registrieren Sie es.
- Unterscheiden Sie jetzt zwischen Reizen, die von außerhalb Ihrer Person stammen, und den Reizen, die Sie an oder in sich wahrnehmen. Was haben Sie von sich wahrgenommen?
- Nehmen Sie genau wahr, was geschieht, wenn Sie sich mehr und mehr auf die Wahrnehmung Ihres Körpers konzentrieren. Was passiert dann mit den Außenreizen?
(Übrigens: Falls es Ihnen schwerfällt, sich selbst, das heißt v.a. Ihre Körperempfindungen, wahrzunehmen, gibt Ihnen das einen Hinweis auf Ihre Wahrnehmungsgewohnheiten.)
- Richten Sie Ihren Fokus nach innen. Was alles können Sie an sich selbst wahrnehmen?
- Wie fühlen Sie sich, wenn Sie sich selbst mehr wahrnehmen?

ELISABETH erzählt im Seminar: »Seitdem ich durch die Steuerung meiner Wahrnehmung mehr bei mir bin, reagiert mein Pferd anders auf mich. Es respektiert mich endlich und folgt mir leichter. Wenn ich im Restaurant etwas bestellen will, werde ich neuerdings beachtet. Sogar mein achtjähriger Sohn hört mir zu, wenn ich etwas sage.«

Die Selbstzentrierung durch bewusste Wahrnehmung ist die Grundvoraussetzung dafür, dass andere energetische Methoden, die Sie im Verlauf des Buches kennenlernen werden, wirken. Üben Sie sich also möglichst mehrmals täglich darin, Ihre Aufmerksamkeit nach innen zu richten, auf die Empfindungen des Körpers, Ihre Bewegungen, Ihr Energielevel usw., und sei es nur für ein paar Augenblicke.

Kraft, Energie und Wachstum durch Abgrenzung

Grenzen sind kein Selbstzweck. Unsere Grenzen schützen ein Revier, einen Bereich, der zu uns gehört, über den wir frei und selbstbestimmt verfügen wollen, für den wir die Verantwortung tragen. Es geht bei der Abgrenzung nicht in erster Linie um die Grenzen, sondern um das zu schützende Revier. Grenzen im ursprünglichen Sinn (Gartenzäune, Ländergrenzen ...) beschreiben den Übergang von einem Revier zum Revier eines anderen oder zu einem freien Bereich. Ebenso wie mit den Grenzen im ursprünglichen Sinne ist es mit unseren Grenzen im übertragenen Sinne: Auch hier markieren sie den Übergang von unserem eigenen Bereich zu dem Bereich eines anderen Menschen oder den Übergang zwischen unserem Bereich zur weiten Welt da draußen. Deshalb bestimmen Grenzen auch unser Verhältnis zu anderen Menschen, zur Welt generell und auch zu uns selbst.

Spannungen und Konflikte entstehen immer an Grenzen. Wer seine Grenzen kennt, sie wahrnimmt, bereit ist, auf sie zu achten, und den Mut und die Kraft hat, sie zu markieren und zu verteidigen, kann am ehesten damit rechnen, in Harmonie mit anderen zu leben – und in Frieden mit sich selbst. Die Wahrnehmung und Respektierung unserer eigenen Grenzen schützt uns vor Selbstüberforderung und ermöglicht uns zugleich, uns unseren realen Kräften gemäß zu entfalten und zu wachsen, uns den Raum im Leben zu nehmen, den wir auszufüllen vermögen.

Unsere eigene Begrenztheit
Der Gedanke, begrenzt zu sein, weckt nicht unbedingt Begeisterung. Schon gar nicht in einer Zeit, in der Selbstbegrenzung mit Beschränktheit verwechselt wird, in der die Ideologie von den unbegrenzten Möglichkeiten herrscht mit allen möglichen Auswirkungen, wie z.B. Überschuldung, Unzufriedenheit, Überforderung und Selbst-Überforderung, mit dem ständigen Nicht-dort-zu-Sein, wo man gerade ist. Zur Ideologie der Unbegrenztheit gehört auch die Vorstellung, man könne alles erreichen, wenn man es nur will. Und wenn man es nicht geschafft hat, ganz dort oben an der Spitze anzukommen, dann hat man sich nur noch nicht genügend angestrengt ... Die Ideologie der Grenzenlosigkeit ist v.a. eine Rechtfertigungslehre für die Starken und Erfolgreichen. Auch Hochsensible können dieser Vorstellung erliegen. Oft spielen wir mit und verstärken damit bereits vorhandene Schwierigkeiten mit der Selbstbegrenzung und mit der Abgrenzung anderen gegenüber.

Doch wo liegen unsere eigenen Grenzen? Viele Hochsensible, die sich selbst nicht wahrnehmen und ihre Aufmerksamkeit gewohnheitsmäßig nach außen richten, kennen ihre Grenzen gar nicht und können sie deshalb auch gar nicht selbst beachten oder ihre Grenzen gegenüber anderen schützen. Sie überfordern sich dadurch häufig oder unterfordern sich, sie erleben deshalb andere Menschen oft als Grenzverletzer oder kommen selbst anderen ins Gehege, ohne das zu beabsichtigen.

Ein Hochsensibler, der die Wahrnehmung seiner selbst und seines Körpers weitgehend der Anpassung geopfert hat, verliert auch den Kontakt zu seinen eigenen Grenzen. Er ist überall und nirgends, nur nicht in seinem Körper. Den bemerkt er erst, wenn es schon zu spät ist, dann, wenn er sich selbst überfordert hat, über seine Grenzen wieder einmal hinweggegangen ist. Den Körper nimmt er dann wahr in Form von Schmerzen und Symptomen. Und das wiederum stärkt nicht unbedingt seine Begeisterung für die Wahrnehmung seines Körpers und seiner Grenzen. Doch nur die Wahrnehmung des eigenen Körpers kann uns helfen, uns und unsere Grenzen zu erkennen, sie einzuhalten und zu schützen.

Viele Hochsensible sind von einer Art innerem Ehrgeiz beseelt. Unser Wunsch nach Vollkommenheit und unsere Sehnsucht nach Harmonie verleiten uns, weit über unsere Grenzen hinauszugehen. Wir verausgaben unsere Kräfte, ohne es rechtzeitig zu erkennen. Diese Überforderung bleibt nicht ohne Folgen. Plötzlich setzen sie ein, die Schmerzen, die Symptome oder auch nur das Unbehagen. Dann muss man sich notgedrungen schonen, man fühlt sich schwach und kann keine Kraft mehr aufbringen. Alles ist zu viel. Man verschließt sich vor der Welt und ihren Anforderungen. Man zieht sich weit hinter seine bisherigen Grenzen zurück in sein Landesinneres, gibt beanspruchten Boden preis, den man nun nicht mehr beackern und schützen kann.

Die Lösung dieses Konflikts liegt durchaus nicht darin, sich nur noch im Schongang zu bewegen, sich wie ein Baby zu verhätscheln, sich in Watte zu wickeln und sich von allem Unbill der Welt fernzuhalten. Ebenso wenig liegt sie im Ignorieren der eigenen Grenzen und darin, sich ständig zu überfordern. Die Lösung kann nur darin bestehen, sich selbst-bewusst und erwachsen selbst zu steuern. Und das ist nicht möglich, ohne sich seines körperlichen Zustandes, seiner real vorhandenen Energie, seiner Ressourcen und damit seiner Grenzen gewahr zu sein. *Nur durch Selbstwahrnehmung können wir dafür sorgen, uns in einem kraftvollen und leistungsfähigen Zustand zu erhalten.*

Die Lage der Grenzen ist kein Zufall
Nach der Lektüre mancher Bücher über Abgrenzung könnte man zu dem Schluss kommen, dass Grenzen zufällig wären und dass man sie willkürlich nach seinen Vorstellungen oder durch gedankliche Überlegungen festlegen könnte. Grenzen sind jedoch etwas ganz Reales. Unsere Grenzen entsprechen genau unserem eigenen Vermögen, unserer Kraft: Wie weit kann ich gehen? Wie

viel Arbeit tut mir noch gut? Ab welchem Punkt wirkt sich die Anstrengung gegen mich selbst aus?

Setzen wir uns unsere Grenzen zu eng, schwächen wir uns. Wir machen uns klein, bleiben hinter unseren Möglichkeiten zurück. Wir langweilen uns. Unsere Energie kann nicht fließen, und wir entfalten uns nicht. Setzen wir uns unsere Grenzen zu weit, dann überfordern wir uns, überspannen den Bogen und schwächen uns auf diese Weise, was am Ende nur wieder dazu führt, dass wir erneut hinter unseren Grenzen zurückbleiben müssen. Der Bereich kurz vor der eigenen Grenze ist deshalb der attraktivste Bereich. Es ist der Bereich des optimalen Wohlergehens, an dem wir am leistungsfähigsten sind. Nur dort können wir unsere Grenzen erweitern und uns am besten entfalten. Wir wachsen an unseren Grenzen. Genau an dieser Linie können auch Phänomene wie der sog. »Flow« auftreten, in denen wir über uns selbst hinauswachsen.

MARK ist 23 und studiert Sozialpädagogik: »Meine Bemühungen um wenigstens ein paar Muskeln waren lange Zeit vergeblich. Ich ging im Sportstudio ständig über meine Grenzen hinaus, und dann lief erst einmal eine Weile gar nichts mehr, weil ich den Muskelkater und die Zerrungen auskurieren musste. Als ich dann im Training wieder aufholen wollte, hatte ich mich schnell wieder überfordert. Jetzt verstehe ich, wie ich mich durch meinen hohen Anspruch selbst sabotiert habe.«

Harmonisches Wachstum kann nur an sicheren Grenzen stattfinden. Erst wenn wir unsere Grenzen wahrnehmen, respektieren und sichern, können wir unsere Grenzen ausdehnen – seien es nun die Grenzen unserer Wahrnehmung von Reizen, die Grenzen nervlicher oder körperlicher Belastung, die Grenzen unseres Wissens und Könnens. Erst dann überwinden wir das Hin und Her von Überlastung und Überforderung, die Fehleinschätzung von eigener Schwäche und die Phantasie von vermeintlicher Stärke.

MARIA, die ursprünglich aus beruflichen Gründen an meinen Seminaren teilgenommen hatte, konnte über erfreuliche Nebenwirkungen berichten: »Seitdem ich gelernt habe, bewusst auf meine Grenzen zu achten, und mich nicht mehr überfordere, kann ich z.b. auch mal länger mit meinem Mann ausgehen, ohne Tinnitus zu bekommen und Dieter die Party zu verderben. Ich achte auf meine Grenzen, bin entspannter, und dann kann ich mir auch plötzlich etwas mehr zutrauen, ohne mich zu forcieren. Es ist paradox. Ich sorge für mich, mir geht es besser damit. Und Dieter geht es ebenfalls besser. Ich passe mich nicht mehr an und bin nachher grätig, sondern sorge rechtzeitig für mich. Wir streiten weniger und sind zufriedener miteinander.«

Ihre hohe Sensibilität können Sie genau dafür nutzen: präzise zu erkennen, wie weit Sie gehen können, im Vorfeld die feinen Signale zu erspüren, die Ihnen anzeigen, wo es Ihnen noch gut geht und wo Sie anfangen, sich zu überfordern.

Der Körper kennt die Grenze
Der Kopf kann sich zwar allerlei Gedanken über Grenzen an sich und im Besonderen machen, er kann theoretisch erörtern, wo sie sich wohl befinden sollten oder könnten, doch er weiß nicht wirklich, wo unsere Grenzen tatsächlich liegen. Im Gegenteil. Oft ist er es, dessen Überlegungen und Theorien dazu geführt haben, dass wir uns am Ende wieder einmal selbst überrumpelt und trotz guter Absichten unsere Grenzen übertreten oder unterlaufen oder anderen nicht Einhalt geboten haben. Alle Sätze mit einem »Müsste« oder »Sollte«, Phrasen wie »Das schaffst du doch auch noch, schließlich ist es bisher gut gegangen« oder die Vergleiche mit anderen – »Die können das doch auch« – gehören zu den Denkmustern, die unsere Grenzen sabotieren.

Auch unser Herz mit seinen Gefühlen kann uns beim Erkennen und Einhalten unserer Grenzen nicht weiterhelfen. Im Gegenteil: Das Herz ist es, das unsere Begrenztheit weitet, Brücken baut zu anderen, es ermöglicht Transzendenz, wir können uns mit dem Herzen in andere einfühlen, das Herz macht uns altruistisch im besten Sinne. Und mancher Mensch geht gerade dann über seine Grenzen weit hinaus und opfert sich auf, wenn er spontan nur auf sein Herz hört, ganz gleich, ob dieses Opfer nun sinnvoll und heroisch war oder vergeblich und unangebracht, erwünscht oder unerwünscht.

Der Einzige, der unsere Grenzen tatsächlich kennt, ist unser Körper, kurz: unser Bauch. Er sagt uns ganz konkret, wie viele Steine wir uns tatsächlich aufladen können und ab welchem Stein wir uns verheben. Er drückt genau aus, ab welchem Bissen wir satt sind und es uns reicht. Er kann uns sagen, wie lange wir am Computer sitzen können und wann wir eine Pause brauchen, um gesund und leistungsfähig zu bleiben. Vorausgesetzt wir nehmen unseren Körper rechtzeitig wahr und nicht erst dann, wenn wir uns verhoben haben oder uns bereits schlecht ist, uns die Augen brennen und der Rücken schmerzt.

Um auf unsere Grenzen zu achten, sie einzuhalten und zu schützen, müssen wir zentriert sein. Wir brauchen den ständigen Kontakt mit unserem Körper. Wir können ihn als Sensor nutzen. Und genau daran fehlt es vielen von uns, all den Hochsensiblen, die ihre Körperwahrnehmung der Anpassung an andere zum Opfer gebracht haben, um dazuzugehören und angenommen zu sein.

Mentale Abgrenzung lernen

Abgrenzung kann auf unterschiedlichen Ebenen erfolgen: mental, kommunikativ und energetisch. Kommunikative und energetische Abgrenzung, wenn sie wirklich funktionieren soll, kann nur in konkreten Begegnungssituationen vermittelt werden (z.B. in einem Seminar). Lassen Sie uns daher den Fokus v.a. auf die mentale Abgrenzung richten.

REFLEXION

»Sind das überhaupt meine Gefühle?«
Gefühle und Stimmungen haben die Tendenz, sich auszubreiten. Wer nicht zentriert ist und sich nicht abgrenzt, läuft Gefahr, die Gefühls- und Stimmungslagen anderer Menschen zu übernehmen. Zur mentalen Abgrenzung kann schon die einfache Frage reichen: »Sind das überhaupt meine Gefühle?« Und wie möchten Sie sich stattdessen fühlen? Kommen Sie im Laufe des Tages immer wieder auf diese Frage zurück. Ein kleines Post-it, an einer strategisch günstigen Stelle angebracht, kann Ihnen helfen, sich an sie zu erinnern.

»Sind das überhaupt meine Gedanken?«
Hochsensible übernehmen häufig die Gedanken und Einstellungen anderer. Andere »färben« geistig auf uns ab. Auch hier geht es darum, unterscheiden zu lernen, was die eigenen Gedanken, Sichtweisen, Geisteshaltungen sind. Durch die Besinnung darauf können Sie sich umso offener anderen Positionen, Interessen, Haltungen und Gedanken anerkennend aussetzen. Dann verlieren Sie sich nicht und können durch die Begegnung mit fremden Positionen Ihre eigene Sicht- und Denkweise erweitern oder schärfen und sich der Wirklichkeit noch besser annähern. »Sind das überhaupt meine Gedanken? Und was denke ich?« Manchen Menschen hilft es, die eigenen Gedanken in einer bestimmten Farbe zu visualisieren. Wenn Sie dann die vielen verschiedenen Gedankenfetzen, die Ihnen durch den Geist sausen, bewusst wahrnehmen, können Sie eigene Gedanken leichter von denen unterscheiden, die Sie von außen übernommen haben.

»Ist das überhaupt meine körperliche Empfindung?«
Viele Hochsensible übernehmen, ohne es zu wissen und zu wollen, sogar die Körperhaltungen und körperlichen Empfindungen und Missempfindungen anderer Menschen. Auch hier: Üben Sie sich darin, Körperempfindungen wahrzunehmen und bewusst zu unterscheiden, was wirklich zu Ihnen gehört und was Sie loslassen dürfen, weil es von außen kommt.

Das Mitfühlen dosieren
Überprüfen Sie auch das für Sie stimmige Maß Ihrer Einfühlung: Wie viel Einfühlung ist sinnvoll, um z.B. den anderen zu verstehen, seinen Zustand nachvollziehen zu können und ihm das Gefühl zu geben, wahrgenommen und beachtet zu werden? Und wo fängt das sinnlose Mitleiden an? Zu fragen ist auch, nach welchen Kriterien wir uns in andere einfühlen! Fühlen wir uns nur in die Leidenden ein? Und wie wäre es, einmal die körperlichen Empfindungen und Haltungen von Glücklichen, Kraftvollen und Gesunden zu übernehmen?

Gut mit unserer Energie umgehen
Sind unsere Grenzen zu eng gesteckt, schwächen sie uns. Ein zu kleines Revier unterfordert uns. Wir fühlen uns beschränkt und laufen Gefahr, uns innerhalb dieser engen Grenzen zu langweilen und unzufrieden zu werden. Das weite Feld da draußen, das man erobern könnte, betrachten wir mit Sehnsucht.

Sind unsere Grenzen zu weit gesteckt, schwächt uns das auch, weil es uns überfordert. Wir fühlen uns unsicher in einem Revier, das wir nicht schützen können, an Grenzen, die zu weit ausgreifen, sodass wir sie nicht verteidigen können. Wenn wir unser Revier selbst nicht ausfüllen können, könnten andere leichter auf die Idee kommen, uns dieses Revier streitig zu machen. Wenn unsere Grenzen zu weit von uns entfernt sind, dann können sie uns auch von den anderen trennen und uns isolieren.

Die totale Grenzenlosigkeit führt dazu, dass wir unsere Energie verströmen und energetisch ausbluten. Die grenzenlose Welt der Möglichkeiten kann uns überfordern. Nur ein abgestecktes und begrenztes Revier gibt uns Kraft und Halt. Es konzentriert unsere Energie.

Die genau angemessenen Grenzen dienen unserem Wohlergehen. Nur unser Körper kann wahrnehmen, ob es uns gut geht. Darum kann uns auch nur unser Körper sagen, wo unsere Grenzen sind. Unser Kopf weiß es nicht, ebenso wenig kann uns da unser Herz weiterhelfen. Unsere Grenzen sind zugleich auch Spiegel unserer Kraft.

Selbstbegrenzung beim Handeln
Fehlende Selbstbegrenzung bewirkt nicht nur das bei uns Hochsensiblen so weit verbreitete Muster von Überforderung und Unterforderung, sie führt oft auch dazu, dass die Energie beim Handeln so eingesetzt wird, dass sie nicht zu konkreten Ergebnissen führt. Die Energie verliert sich in der Weite des unbegrenzten Raumes. Wir verlieren Kraft und Motivation. Um zu wirken, müssen wir unseren Wirkungsbereich begrenzen. Dabei helfen die Fragen auf der folgenden Seite.

Über die Grenzen gehen: Bis es schließlich knallt

Ein Hochsensibler, der über seine Grenze gekommen ist, verändert sich radikal. Von einer Sekunde auf die nächste kann seine hohe Sensibilität umschlagen in ihr völliges Gegenteil: Soeben war er noch hochsensibel – einfühlsam, hilfsbereit und nachsichtig, verständnisvoll und gütig, tolerant und rücksichtsvoll, höflich und fein – und plötzlich ist er all das nicht mehr. Nicht dass er zurückgeschaltet hätte auf eine neutrale Haltung, sondern in ihr Gegenteil: Die hohe Sensibilität kippt um in einen Zustand völlig fehlender Sensibilität. So unsensibel kann ein nicht Sensibler wohl kaum sein wie ein Hochsensibler, dessen Grenzen überschritten sind!

Dieses Umkippen passiert genau dann, wenn ein Hochsensibler mit zeitlicher Verzögerung bemerkt, dass er seine Grenze selbst weit überschritten hat oder dass andere seine Grenzen verletzt haben. Dann steht er längst schon an der Wand und kann nicht weiter. Er ist am Rande seiner Kräfte und spürt eine unerträgliche Spannung in sich, die Wut im Bauch, die er nun nicht

REFLEXION

Klarheit: »Was ist meine Aufgabe?«
Hochsensiblen fällt es oft leichter, die Aufgaben anderer zu lösen als unsere eigenen: Ich sollte mich um meine Aufgaben kümmern. Die Aufgaben der anderen sind mir nicht unbedingt gestellt. – Störe oder hindere ich einen anderen sogar dabei, seine Aufgaben selbst zu erledigen? Wen stärkt und wem nützt meine Hilfe? Und bis zu welcher Grenze? Ist mein Beitrag oder meine Hilfe vom anderen überhaupt erwünscht? Und in welchem Maße? Verliere ich dabei meine eigenen Aufgaben aus den Augen? Um die komme ich nicht herum.

Zeitliche Abgrenzung: »Was ist jetzt dran?«
Wir Hochsensiblen verlieren uns häufig in der Unendlichkeit der Möglichkeiten und Aufgaben. Statt z.B. in die Zukunft, in Träume, in Sorgen oder Ängste auszuweichen oder sich in der Vergangenheit zu verstecken, geht es darum, sich auf das zu konzentrieren, was jetzt als Aufgabe vor uns liegt. Zeitliche Begrenzung ermöglicht es, konkret jetzt zu wirken und das Zukünftige zu prägen. – Wer sich z.B. am Sonntag schon in Gedanken mit den Aufgaben von Montag beschäftigt, kann nicht zu sich kommen und sich erholen, sodass er eventuell den Aufgaben am Montag gar nicht gewachsen ist: Was ist jetzt dran? Und wie viel Zeit erfordert diese Aufgabe?

Räumliche Abgrenzung: »Was ist hier dran?«
Es kann sogar sein, dass wir Hochsensiblen energetisch nicht dort sind, wo wir uns real befinden, weil wir unsere Situation nicht angenommen haben. Wer nicht den Platz an dem Ort einnimmt, an dem er sich befindet, der ist nirgendwo und bleibt wirkungslos. Es geht darum, sich auch räumlich zunächst auf den Bereich, an dem man sich befindet, zu begrenzen, um von dort ausgehend auch darüber hinauswirken zu können. Welche Aufgabe liegt direkt vor mir?

mehr übergehen kann, weil sie viel zu stark ist. Sein Blickwinkel hat sich verengt. Er sieht nur noch die Bedrohung, er erkennt in dem vielleicht ahnungslosen Grenzverletzer einen Angreifer und Feind. Es geht ihm dann nur noch um eines: um die Erhaltung seiner Existenz, um sein pures Überleben. Entsprechend ist jetzt sein Verhalten. Er schlägt gewissermaßen um sich, wird zornig und rastet aus.

Nicht immer explodieren Hochsensible, manchmal implodieren sie auch. Ihr Zustand verändert sich auch dann, wenn sich die angestaute Energie nicht nach außen bemerkbar macht. Man wird bitter, fühlt sich allein, bedroht, hintergangen, enttäuscht von allen. Man befindet sich in extremem Stress. Und entsprechend denkt und reagiert man nach einem einfachen Schema: Du oder ich. Schwarz oder weiß. Wer nicht für mich ist, der ist gegen mich. Das ist der Moment, in dem für einen Hochsensiblen die Gefahr besteht, Brücken zu zerstören, Türen zuzuschlagen oder Kontakte abzubrechen. Und manchmal geschieht das auch – ganz leise und von den anderen fast unbemerkt.

Ein Hochsensibler, der nicht bei sich ist und sich selbst nicht wahrnimmt, der in der Folge seine Grenzen nicht erkennt und sie dann auch nicht markieren und schützen kann, der nicht die ersten Anzeichen von Unruhe und Unbehagen an sich bemerkt hat, als er sich selbst zu viel zugemutet hat oder als andere seinem Revier zu nahe kamen, der wird dann, wenn er all das wirklich nicht mehr übersehen kann, von seiner eigenen Aggression überwältigt. Sie macht sich gewöhnlich als »Kribbeln« und Unruhe, als enges oder bedrängtes Körpergefühl bemerkbar – das wird von den Hochsensiblen oft nicht rechtzeitig bemerkt.

Wen wundert es, wenn man nach einem solchen Ausbruch ganz besonders reumütig ist und sich umso verständnisvoller und entgegenkommender verhält, schließlich möchte man alles wieder gutmachen. Und oft ist man deshalb noch weniger bei sich und schützt seine Grenzen noch weniger. Je mehr man sich um eine solche Art der Wiedergutmachung bemüht, desto eher läuft man Gefahr, dass es zum nächsten Eklat kommt.

> **ÜBUNG**
>
> Gewöhnlich gibt es ein persönliches Muster, wie wir uns in Situationen der Grenzüberschreitung durch andere oder durch uns selbst verhalten. Nehmen Sie Ihre Reaktion einmal genau unter die Lupe und rufen Sie sich dafür eine ganz konkrete Situation vor Augen.
> - In welchem Moment haben Sie bemerkt, dass Ihre Grenze überschritten wurde?
> - Woran haben Sie es bemerkt?
> - Was alles haben Sie vor diesem Moment wahrgenommen?
> - Was haben Sie vor diesem Moment gedacht?
> - Mit welcher Einstellung haben Sie das gedacht?
> - Was haben Sie vor diesem Moment gefühlt?
> - Was haben Sie vor diesem Moment körperlich gespürt?
>
> Lassen Sie uns den Film ein wenig zurückspulen: Nehmen Sie genau wahr, was davor im Einzelnen geschehen ist.
> - An welchen Anzeichen hätten Sie die Grenzüberschreitung schon im Vorfeld bemerken können? Sind es Gedanken? Sind es Gefühle? Sind es körperliche Anzeichen?
> - Wie haben Sie genau reagiert? Implosion oder Explosion? Rückzug oder Aggression?

Der Umgang mit Grenzen wird in der Familie weitergegeben

In den Familien hochsensibler Kinder ist meist ein Elternteil hochsensibel, vielleicht sind auch beide hochsensibel wie bei mir. Nur selten konnten hochsensible Eltern konstruktiv mit ihren Grenzen umgehen. Auch sie haben sich oft wie die meisten Hochsensiblen an ihr weniger sensibles Umfeld angepasst. Auch sie waren nicht zentriert und nicht im Kontakt mit ihrem Körper. Sie nehmen ihren Körper nicht wahr und dadurch auch nicht ihre Grenzen. Und wenn die Grenzen dieser Eltern weit überschritten

- Was haben Sie in dem Moment danach gedacht? Mit welcher Einstellung haben Sie das gedacht?
- Wie haben Sie sich in dem Moment gefühlt? Waren auch körperliche Symptome damit verbunden?
- Hat Sie die Grenzüberschreitung verletzt?
- Haben Sie andere aus Ihrer eigenen Verletztheit verletzt?
- Welche »Kollateralschäden« sind zu beklagen? An anderen? An wem genau? Was ist der Schaden? Welchen Schaden haben Sie selbst?
- Vergleichen Sie den Schaden.
- Wie verhalten Sie sich nach so einer Grenzverletzung?
- Ziehen Sie sich zurück? Brechen Sie den Kontakt ab? Gehen Sie in die Offensive? Klagen Sie an? Entschuldigen Sie sich? Passen Sie sich noch mehr an?
- Was hat die Grenzüberschreitung verursacht oder ermöglicht?
- Geschah sie aus Absicht? Wollte man Sie angreifen oder schädigen? Lag es an Missverständnissen und fehlender Kommunikation? Haben Sie zuvor vielleicht gar keine oder falsche Signale gegeben?
- Wie könnten Sie sich in Zukunft verhalten?
- Worauf müssen Sie dabei ganz besonders achten? Wie können Sie Ihre Grenzen markieren und schützen? Und wie gehen Sie damit um, wenn Sie bemerken, dass eigentlich Sie selbst es waren, der Ihre Grenzen verletzt hat?

wurden, war es für eine angemessene Reaktion meist schon viel zu spät.

Wenn unsere Grenzen von anderen überschritten werden, wird uns unbehaglich. Wir werden unruhig und gereizt, wir geraten in Stress und unter Druck. Wir werden aggressiv. Je weniger wir uns wahrnehmen und mit uns selbst im Kontakt sind, desto weniger bemerken wir das zunächst. Erst wenn die »Energieladung« nicht mehr ignoriert werden kann, nehmen wir davon Kenntnis, und manchmal erst – zu unserer eigenen Überraschung –, wenn sie sich bereits entlädt. Wir werden zornig oder rasten aus und explodieren. Und wenn wir uns auch das versagen, dann implodieren wir, wir verspannen uns, Krankheitssymptome setzen ein, Schmerzen treten auf.

THOMAS, als gutmütiger und hochsensibler Vater bekannt, hat dem lebendigen Treiben seiner Kinder eben noch mit Wohlwollen zugeschaut. Und jetzt hält es ihn nicht mehr auf dem Sessel, er zerschmeißt den Aschenbecher, wirft ihn einfach zwischen sie. Er schreit, dass er endlich einmal Ruhe brauche. Er kann sich gerade noch zurückhalten, handgreiflich zu werden. Die Kinder stehen wie gelähmt und mit offenem Mund da, verstehen gar nichts mehr. Sie weichen zurück, wissen nicht, was sie machen sollen. Sie schauen betreten. Das Spiel ist vorbei. Zumindest für heute ...

ANTONIA hat ihren drei Kindern gerade noch Kekse gebracht. Dass sie sich jetzt darum streiten, das ist einfach zu viel für sie. Sie bekommt plötzlich wieder ihren bitteren Gesichtsausdruck, ihr Mund wird schmal, sie blickt starr. Die Kinder wissen, heute wird ihre hochsensible Mutter nicht mehr mit ihnen sprechen. Antonia zieht sich zurück in ihre Krankheit. Die Kinder fühlen sich schuldig. Die Kekse rührt keines mehr an.

Viel eher als andere Eltern laufen hochsensible Mütter und Väter Gefahr, sich selbst zu überschätzen, sich über ihre eigenen Kräfte hinaus zu verausgaben vor lauter Gutwilligkeit und Gutmütigkeit. Sie spüren sich nicht, nehmen ihre Bedürfnisse nicht rechtzeitig wahr, ignorieren ihre eigene Begrenztheit und lassen es zu, dass ihre Kinder weit über diese Grenzen gehen. Sie erkennen auch nicht, dass es nicht die Kinder sind, die diese Grenzen verletzen. Sie sind es selbst, die es zulassen. Sie wissen nicht, dass die Kinder auf der Suche nach ihren eigenen Grenzen und klaren Verhältnissen so weit gehen, bis sie auf klare Signale ihrer Eltern stoßen.

An unseren Grenzen wachsen wir

Wer als hochsensibles Kind in unvorhersehbaren Grenzen aufwächst, der lernt Grenzen immer nur auf sehr unangenehme Weise kennen: verletzend, verbunden mit realer oder auch nur mit angedrohter oder befürchteter Gewalt oder mit der Angst vor der oft viel gefährlicheren psychischen Gewalt, z.B. vor Liebesentzug, Kontaktabbruch und Entwertung. Auf jedes Kind machen solche Erlebnisse einen tiefen Eindruck. Auf hochsensible Kinder, die oft draußen auf den Spielplätzen dieser Welt, auf denen die coolen Typen den Ton angeben, einen schweren Stand haben, sind die Folgen häufig verheerend. Sie verlieren damit ihren vielleicht letzten Rückhalt. Man kann es verstehen, dass sie später von Grenzen nichts wissen möchten. Sie wollen es anders machen als ihre eigenen Eltern – und sind deshalb häufig noch toleranter und zeigen immer Verständnis. Und gerade mit diesen guten Absichten gehen sie dann viel zu oft weit über ihre eigenen realen Kräfte und Grenzen hinaus.

Wer als Kind keine klaren und selbstverständlichen Grenzen kennengelernt hat, der hat auch nicht den Schutz und die Kraft seines eigenen Reviers erfahren. Er weiß auch nicht, wie stark er wirklich ist, wie weit seine Verantwortlichkeit schon reichen kann. Er wird sich seine Kräfte als zu groß vorstellen oder er wird sie als zu gering einschätzen, wenn eine reale Anforderung an ihn gerichtet wird. Er genießt nicht die Sicherheit klarer Grenzen und kann dann auch nicht im Schutze sicherer Grenzen eben diese langsam im Einklang mit seinen erstarkenden Kräften erweitern und an ihnen wachsen.

Grenzen ermöglichen Begegnung

Wer als Kind keine klaren Grenzen kennengelernt hat, konnte auch nicht erfahren, dass Grenzen Sicherheit geben, Harmonie und Frieden ermöglichen. Er hat auch nicht erlebt, dass man sich an seinen eigenen Grenzen selbst erfährt und dass man durch seine eigene Begrenztheit für einen anderen überhaupt erst greifbar und konkret wird. Er weiß dann auch nicht, dass sichere Grenzen erst Begegnung ermöglichen.

Sehr oft sind wir Hochsensiblen blind in Bezug auf Grenzen. Wir kennen unsere eigenen Grenzen nicht und können sie in der Folge auch nicht schützen und behaupten. Ebenso haben wir nicht das Wissen und die Erfahrung im Umgang mit den Grenzen der anderen. Dann kann es vorkommen, dass wir vor lauter Höflichkeit und Achtsamkeit dem anderen viel zu fern bleiben, sodass es vielleicht zum Austausch von allerlei Freundlichkeiten kommen kann, man sich jedoch an den realen Grenzen gar nicht begegnet. Man trifft sich nicht am Gartenzaun, sondern winkt nur verhalten von Weitem. Doch ebenso kann es dazu kommen, dass ein Hochsensibler ohne Sinn für Grenzen munter alle Hinweise auf Grenzen übersieht, das Revier des anderen oft in guter Absicht und mit Hilfsangeboten in Besitz nimmt, ihn vereinnahmt oder auf das frisch bepflanzte Grab des begrabenen Hundes tritt.

Wir Hochsensiblen klagen oft, dass andere uns zu nahe kommen und unsere Grenzen nicht respektieren, doch ebenso sind wir es, die selbst zum Grenzverletzer werden. Wir verletzen sowohl unsere eigenen Grenzen als auch die der anderen. Beides aus fehlgeleiteter Wahrnehmung und oft mit den besten Absichten. Häufig wird der Mangel an Abgrenzung mit hohen Idealen gerechtfertigt oder überhöht.

VOR ZWEI JAHREN hatte ich einen kleinen Rückfall und wurde wohlmeinend wieder einmal selbst zum Grenzverletzer. Eine lange Autofahrt mit ermüdenden Staus, ein gemütliches Abendessen mit zwei, drei Glas Wein mögen dazu beigetragen haben: Schon lange war ich eingeladen bei einem Musikerpaar. Endlich ergab sich die Gelegenheit. Als ich bei Tisch erfuhr, dass sich beide die Zeit zwischen den Proben vor einer Tournee wohl geradezu »aus den Rippen geschnitten« hatten, empfand ich das starke Bedürfnis, mich nützlich zu machen. Mein Angebot, beim Abtragen des Geschirrs und beim Abwasch zu helfen, wurde zweimal dankend abgelehnt. Ich ignorierte das. Als ich den Zustand der Küche sah und keinen freien Platz für die

Teller entdecken konnte, wurde mir plötzlich klar, dass ich soeben eine Grenze verletzt hatte.

Wenn es darum geht, zu helfen oder mich nützlich zu machen, muss ich besonders aufpassen, nicht doch einmal einen Rückfall zu erleiden und die Grenzen anderer zu übersehen. – Wo besteht bei Ihnen die größte Gefahr, wohlmeinend die Grenzen anderer zu übertreten? (Oder bin ich Ihnen mit dieser Frage etwa schon zu nahe getreten?)

Werden Grenzen zwischen Menschen missachtet, resultieren daraus immer Störungen des Wohlbefindens und in extremeren Fällen Konflikte. Hochsensible, zu deren Wesenszug es gehört, Ausgleich und Harmonie anzustreben, sind es oft selbst, die durch das Ignorieren von Grenzen genau das bewirken, was sie am wenigsten wünschen: ein Leben in Spannungen, in Zank und Streit! Und da sie genau das nicht wollen, suchen sie die Lösung häufig darin, noch altruistischer und friedlicher zu sein, noch weniger auf sich selbst bezogen. Entsprechend geben sie dann noch weniger acht auf Grenzen und stören das Verhältnis zu den anderen – mit dem Ergebnis, dass sie noch weniger in Harmonie leben ...

Ihre Grenzen erspüren
Wenn meine eigene Grenze genau dort liegt, wo ich in meinem Revier noch sicher bin und mich am besten entfalten und expandieren kann, dann ist es der Ort, an dem ich am stärksten bin und an dem es mir am besten geht. Darum merke ich meine Grenze an dem Übergang zwischen sehr angenehm und zunehmend unangenehm in meinem körperlichen Befinden.

Die Grenze zwischen zwei Menschen liegt dort, wo sich beide Menschen in dem Bereich ihres optimalen Wohlergehens befinden. Dieser Bereich muss oft erst in vielen kleinen Schritten gefunden werden. Die hohe Sensibilität kann gerade dabei helfen,

> **ÜBUNG**
>
> Wie heißt es so schön? »Wenn es am besten schmeckt, soll man aufhören.« Ein Bissen mehr, und es schmeckt nicht mehr so gut, wir fühlen uns nicht mehr so wohl wie eben noch. Genau dort ist die Grenze erreicht. Oft haben wir dieses körperliche Gespür dafür durch Erziehung verloren. Üben Sie in Alltagssituationen, den Punkt wahrzunehmen, an dem angenehm in unangenehm umschlägt, damit Sie immer besser dann Stopp sagen können, wenn es der richtige Zeitpunkt dafür ist.

den optimalen Abstand zwischen Nähe und Distanz auszumachen.

Die Grenzen zwischen Menschen ermöglichen Kontakt. Wenn wir uns abgrenzen können, müssen wir uns nicht immer nur zurückziehen, mehr und mehr von unserem Revier preisgeben, wir müssen uns nicht verletzen oder vereinnahmen lassen und werden selbst auch davor bewahrt, andere zu verletzen oder zu vereinnahmen. Wir müssen keine Mauern bauen, die uns von den anderen trennen, wir sind dann auch nicht mehr versucht, zum allerletzten Mittel zu greifen, um uns vermeintlich zu schützen: zum Abbruch des Kontaktes.

Letzten Endes sind es sogar die Grenzen, an denen wir den anderen spüren können. Die Grenzen sind seine Konturen. Sie schützen auch sein Anderssein. Und umgekehrt sind wir selbst für andere ohne unsere Grenzen nicht greifbar, wir erscheinen ihnen wie vernebelt. Vielen Hochsensiblen geht es so, dass man sie eigentlich gar nicht kennt und deshalb oft auch übersieht.

SVENJA, eine junge Bibliothekarin, hatte im vorhergehenden Seminar über eine Abgrenzungsschwäche gegenüber ihren alten Eltern geklagt: »Ich mache sichtliche Fortschritte: Ich habe meinen Eltern schon im Vorfeld des Besuchs angekündigt, dass ich nach dem Kaffeetrinken aufbrechen müsse. Dabei war ich ganz bei mir. Ich nannte auch keinen Grund. Ich war verblüfft, dass meine Eltern das zwar bedauerten, doch irgendwie schluckten. Ich war dadurch viel entspannter als sonst. Vergeblich erwartete ich die Versuche, mich zu längerem Bleiben zu bewegen. Als es daran ging, aufzubrechen, nahm ich eine Seite in mir wahr, die ganz gern noch geblieben wäre, die ich bisher gar nicht beachtet hatte. Ich ging jedoch, so wie ich es geplant hatte. Es war alles harmonisch. Zum ersten Mal nach Jahren freute ich mich beim Abschied schon auf das nächste Wiedersehen. Ich hatte meine Grenze erkannt und gewahrt. Eigentümlicherweise wurde die Grenze plötzlich, als ich mir so sicher war, von den Eltern akzeptiert. Jetzt hätte ich sogar länger bleiben können. Das heißt, ich hätte meine Grenze ein wenig ausdehnen können. Doch das mache ich erst beim nächsten Mal. Vielleicht. Wenn es wieder so gut läuft.«

Energieräuber – oft nur Finsterlinge aus dem Märchen
Viele Hochsensible klagen darüber, dass der Kontakt zu anderen sie wieder einmal ausgelaugt hat. Manche ziehen sich deshalb mehr und mehr aus Kontakten zurück, um nicht so viel Energie zu verlieren. Und einige landen dabei ganz im sozialen Aus, wenn sie nicht aufpassen. Am Ende sind wir Hochsensiblen es selbst, die am meisten unter den Folgen leiden. Denn dass wir in der Isolation keine Energie durch Resonanz mit anderen aufbauen können und deshalb energetisch auf Sparflamme vegetieren, wird oft übersehen.

Es liegt nahe, dass wir nach einem Kontakt mit anderen, der uns Energie gekostet hat, diese anderen als die Ursache dafür ausmachen. Man bezeichnet sie dann gern als Energieräuber und weicht ihnen aus. Die Ursache besteht jedoch wie so häufig nicht aus einem, sondern aus mehreren Faktoren, und oft aus ganz anderen, als den vermuteten: Die fehlende Selbstwahrnehmung und Selbstzentriertheit sind es, die in der Begegnung zu einem ständigen Energieverlust führen. Viele Hochsensible sind mit allen Sinnen und mit ihrer Wahrnehmung und Energie im Gespräch ganz beim anderen. Sie drängen dem anderen – freilich ohne es zu bemerken – die Energie förmlich auf. Der andere nimmt das Geschenk vielleicht mit offenen Armen entgegen, es sei denn, in ihm macht sich ein Widerwille dagegen bemerkbar, denn auch das kann es geben.

Es ist selbstverständlich viel leichter, andere als Energieräuber und Banditen zu bezichtigen, als sich selbst auf den Weg zu machen, Eigenverantwortung zu übernehmen und auf seine Energie zu achten. Zum Diebstahl gehören im Übrigen immer zwei: derjenige, der es ermöglicht, zulässt oder sogar anbietet, und derjenige, der leicht in Versuchung kommt und beherzt die Gelegenheit ergreift. – Gewiss, es gibt tatsächlich Menschen, die darauf aus sind, Energie einseitig bei anderen zu tanken, doch diese Menschen kennen sich gewöhnlich mit den Energien nicht einmal aus, sie betreiben es also in einem Zustand kindlicher Naivität. Hochsensible, die nicht bei sich sind, die sich nicht abgrenzen können, üben auf solche Menschen selbstverständlich eine besondere Anziehung aus. Mit anderen Worten: *Wer lernt, bei sich zu sein, und zunehmend Bewusstheit in seiner Wahrnehmung entwickelt, der zieht allmählich auch ganz andere Menschen an.*

Voraussetzungen für Abgrenzung

Was brauchen wir, um Schritt für Schritt dahin zu kommen, uns selbst auf eine gute Art und Weise abgrenzen zu lernen?

Zentrierung
Die Grundvoraussetzung für gelungene Abgrenzung besteht zunächst einmal darin, überhaupt bei sich zu sein und sich selbst körperlich wahrzunehmen. Wer nicht bei sich ist, kann sich so viel abgrenzen, wie er will, er schließt sich am Ende eigentlich nur selbst aus. Aus diesem Grund können viele Abgrenzungsmethoden, die verbreitet werden, in konkreten Situationen gar nicht in der erwünschten Weise wirken. Mit anderen Worten: Kommen

Sie erst einmal durch Ihre Wahrnehmung zu sich selbst und nehmen Sie Ihre eigene Position ein.

> **ÜBUNG**
> Fragen Sie sich ab und zu am Tag: »Wo bin ich gerade mit meiner Wahrnehmung?« Spüren Sie sich selbst noch? Gelingt es Ihnen schon, bei sich und bei der Tätigkeit zu sein, die Sie gerade erledigen? – Und wie ergeht es Ihnen im Kontakt? Können Sie sich auch dann noch spüren, wenn Sie sich mit jemandem unterhalten? Oder sind Sie ganz zu Ihrem Gesprächspartner hinübergerutscht? Können Sie die Aufmerksamkeit teilen? Wenn Sie sich selbst noch wahrnehmen, verlieren Sie weniger Energie in der Begegnung mit anderen Menschen, Sie können Ihre Position besser vertreten und werden zu einem wertvollen Gesprächspartner, zu einem wirklichen Gegenüber.

Konfliktfähigkeit

Wer anderen Grenzen setzen will, muss bereit und in der Lage sein, allein dazustehen. Er muss sich selbst behaupten. Durch ein »Nein« oder ein »Bis hierher und nicht weiter!« – auch wenn man diese Botschaften viel eleganter vermittelt – machen wir uns zunächst nicht gerade beliebt. Plötzlich könnten wir ohne Zustimmung der anderen dastehen. Vielleicht fühlen wir uns nicht mehr geliebt. Wir müssen bereit sein, unsere Grenzen zu verteidigen – gegen die Ansprüche von anderen. Für Hochsensible stellt das oft eine große Herausforderung dar, da wir den anderen und seine Ansprüche so gut verstehen können. Wer das durchhält, kann jedoch Achtung und Wertschätzung der anderen gewinnen.

Eigenwert und Eigenliebe

Wer sich selbst liebt, ist eher in der Lage, auf die Zustimmung der anderen zu verzichten. Er ist sich seiner selbst sicher und bereit, für sich und seine Bedürfnisse zu sorgen. Er steht zu sich, zu seinen Fähigkeiten und seinen Defiziten – auch zu seinen Grenzen und zu seiner Begrenztheit. Meist ist damit auch ein gutes Verhältnis zur eigenen Körperlichkeit verbunden. Durch Zentrierung und Steuerung der Wahrnehmung nehmen wir uns aus unserer Position selbst wahr. Dadurch können wir uns auch mehr Eigenwert zubilligen.

Kommunikationsfähigkeit

Je geschickter wir uns mit der Sprache, der Körpersprache und mit Gesten ausdrücken können, desto leichter kann uns Abgrenzung gelingen. Wir können damit im richtigen Moment und wohldosiert und differenziert reagieren. Wir sind in der Lage, schon vorher über unsere Grenzen zu kommunizieren, sodass das Gegenüber unsere markierten Grenzen erkennen und respektieren kann.

Schmerz, Symptom, Krankheit: Wenn der Körper sich meldet

Hochsensible, die sich so weit angepasst haben, dass sie mehr Außenreize aufnehmen, als sich selbst zu spüren, haben v.a. den Bezug zu ihrem Körper verloren. Sie sind dann gewissermaßen körperlos und ungeerdet. Der Körper wird dann oft nur noch als lästiges Anhängsel empfunden. Den Mangel an Körperlichkeit versuchen manche Hochsensible mit leibfeindlichen Philosophien zu untermauern.

AUFFÄLLIG VIELE HOCHSENSIBLE berichten von dem Gefühl, nicht wirklich im Körper angekommen zu sein, als würden sie sich immer noch dagegen sperren, inkarniert zu sein. Um den Zugang zum Körper und damit zum irdischen Leben wird oft noch gerungen. Die Entdeckung und die Annahme des Körpers werden als große Veränderung erlebt, als Anstoß, sich endlich einzulassen auf das Leben, so wie es ist, und es aktiv zu gestalten.

Doch auch Hochsensible, die sich nicht wahrnehmen, leben nicht ohne ihren Körper. Zu lange übergangen, verschafft er sich Beachtung durch Schmerzen und Symptome. Und das geschieht immer dann, wenn ein nicht zentrierter Hochsensibler wieder einmal seine Grenze weit überschritten hat. Der Körper zwingt zum Rückzug, er durchkreuzt unsere Pläne und macht uns einen Strich durch die Rechnung. Auf diese Weise verstärkt sich das Missverhältnis zum Körper, den man dann noch weniger liebt, weil er sich nur als Störenfried und als Ursache von Schmerzen und Leiden bemerkbar macht.

Den eigenen Körper neu kennenlernen

So ging es mir früher auch: Viele Hochsensible nehmen ihren Körper nur wahr, wenn es ihnen schlecht geht. Der Körper wird dann nur in seiner Schwäche und Hinfälligkeit erlebt. Das schmerzende Bein, der verspannte Rücken, die müden Augen, das Völlegefühl im Magen, die Schwere des Körpers, die Müdigkeit und Überreiztheit ... Die Liste ließe sich beliebig verlängern. Deutlich fehlt dabei die Wahrnehmung des Körpers als Quelle eines guten Lebensgefühls, von Vitalität und Freude, als Sensor von Stimmigkeit und Wohlergehen.

Man nimmt das schmerzende Bein wahr, schenkt ihm alle Beachtung, die man imstande ist aufzubringen, und registriert das gesunde Bein nicht einmal. Man spürt vorhandene Schwächen und ignoriert die ebenfalls bestehenden Stärken. Mit der Wahrnehmung wählen wir immer unter den Reizen diejenigen aus, die in unser Konzept passen, und konstruieren uns selbst daraus unser Bild von der Wirklichkeit, in der wir dann leben. Oft wählen wir die störenden Reize aus, die wir nicht mehr übergehen können, und bauen uns ein Bild der Wirklichkeit, in der wir schwach sind und in der es nur Störungen und Leid gibt. Die Existenz von Gesundheit und Kraft enthalten wir uns vor. Auf diese Weise schwächen wir uns selbst und verstärken Schmerzen, Symptome und Krankheiten. Und damit bestätigen wir wiederum unser Konzept, nach dem wir die Reize ausgewählt hatten.

> **ÜBUNG: VITALITÄT WAHRNEHMEN**
> Durchwandern Sie Ihren Körper langsam mit Ihrer Wahrnehmung. Beginnen Sie bei Ihren Füßen – genauer bei Ihren Fußsohlen. Steigen Sie dann langsam, langsam höher. Nehmen Sie all das wahr, was an Ihnen gesund ist. Spüren Sie Ihre Vitalität und Energie. Registrieren Sie das Zusammenspiel all dessen, woraus Ihre Gesundheit resultiert.
> Bemerken Sie auch die Veränderungen, die allein dadurch in Ihrem Körper geschehen, dass Sie Ihre Aufmerksamkeit auf ihn richten? Durch die Wahrnehmung Ihres Körpers haben Sie darüber hinaus die Möglichkeit, kleine Korrekturen vorzunehmen: Vielleicht möchten Sie tiefer atmen, sich aufrecht hinsetzen, vielleicht können Sie Spannungen loslassen, oder Sie spüren Durst oder Ihr Bedürfnis nach Bewegung?
> Wenn Sie sich selbst auf diese Weise wahrnehmen, verändern Sie das Verhältnis zu sich. Sie werden ruhiger, denn auf diese Weise werden Außenreize abgeschaltet. Sie sind bei sich und energetisch zentriert. Sie spüren Ihre Bedürfnisse und können besser für sich sorgen. Sie werden sich Ihrer selbst bewusst und übernehmen Verantwortung für sich und Ihr Wohlergehen.

Machen Sie es sich zur Gewohnheit, regelmäßig Ihren Körper durchzugehen und alles, was an ihm gesund ist, wahrzunehmen. Endlich bekommt Ihr Gewohnheitstierchen auch ein paar Leckerbissen. Es ist ein Genuss, der Sie übrigens nicht einmal etwas kostet! Oder frisst es immer nur, was es schon kennt? Spüren Sie Ihren Atem, das Pulsieren des Blutes in Ihren Adern, die Wärme, die Spannkraft Ihrer Muskeln, die Kraft, die Sie aufrichtet und aufrecht hält, die Freude, die das Ergebnis der fließenden Energie ist. Sie können das Wunder Ihres Körpers erkennen, auf seine Funktionsweise und seine Weisheit vertrauen und für Ihren Körper danken. Oder möchten Sie Ihren Körper erst dann beachten, wenn Sie seiner ehemals vorhandenen Gesundheit nachtrauern? Es ist auch Ihre bejahende Einstellung, die diesen Körper gesund erhält.

Es geht übrigens nicht darum, einseitiges negatives Denken und Wahrnehmen durch einseitiges positives Denken und Wahrnehmen zu ersetzen und mit der halben Wahrheit und der halben Lüge des positiven Denkens das Leiden unter den Teppich zu kehren. Im Gegenteil, es ist wichtig, körperliche Schwachstellen ebenso wahrzunehmen wie die Stärken, um rechtzeitig geeignete Maßnahmen zur Erhaltung der Gesundheit zu ergreifen.

Das Zusammenwirken von Überforderung und Unterforderung

Aus unserem Ehrgeiz und eigenem Anspruch an Vollkommenheit, der fehlenden Selbsteinschätzung unserer Möglichkeiten und Grenzen auf der einen Seite und der einseitigen Wahrnehmung des Körpers als schwach und bedürftig auf der anderen Seite entsteht häufig ein verhängnisvoller Konflikt, der bei vielen Betroffenen zu einem Dilemma führt.

Die anspruchsvolle Seite fordert heraus, treibt an, sodass wir uns überfordern und weit über unsere Grenze gehen. Dann erleben wir uns wieder als schwach. Daraus folgt ein Bedürfnis nach Ruhe, Rückzug und nach Erholung. Im Rückzug ergreift die anspruchsvolle Seite wieder die Gelegenheit, die Anforderungen noch weiter zu erhöhen, was nur wieder zu erneuter Selbstüberforderung führt. Werden die eigenen Grenzen weiterhin nicht respektiert, verschafft sich der Körper durch Symptome oder kleine Krankheiten seinen Schonraum. Dann haben wir erzwungenermaßen unsere Ruhe, die wiederum von der anderen Seite genutzt wird, um die Ansprüche zu erhöhen, was wiederum dazu führt, dass ... Ein gefährlicher Teufelskreis, der zum Zusammenbruch und zum Burn-out führen kann.

CONSTANZE, ehemalige Chefdesignerin aus der Modebranche, erzählt: »In meiner früheren Stelle war ich am Ende regelmäßig krank. Ich habe zu viel von mir verlangt. Heute weiß ich, dass das alles gar nicht wirklich von mir gefordert wurde. Irgendwie hatte ich alle Ansprüche an mich aus der ganzen Umgebung aufgenommen und addiert. Ich hatte mich nie gefragt, wie viel ich geben konnte und was wirklich von mir gefordert war. Und wenn es mir dann zu viel wurde, kam die Migräne, und ich musste mich zurückziehen und aufgeben. Danach hatte ich wieder so viel aufzuarbeiten, und den Kollegen wollte ich die Arbeit auch nicht überlassen. Ihre Arbeit war mir einfach nicht gut genug. Außerdem wollte ich keine Hilfe annehmen. Später konnte ich auch niemand in mein Chaos blicken lassen, das mit der Zeit entstanden war. Und dann hatte ich auch noch das schlechte Gewissen. Also legte ich wieder los. Da hatte längst schon wieder die Migräne zugeschlagen, und ich musste mich schonen. Zwischen Überforderung und Krankheit bin ich fast draufgegangen.« Eine ähnliche Geschichte aus meiner Zeit als Redakteur hätte ich auch erzählen können.

Der Konflikt wird gerade dadurch am Leben erhalten, dass wir den Zusammenhang zwischen Überforderung und Schonung nicht erkennen. Gewöhnlich eskaliert der Konflikt. Immer mehr Energie wird aufgewendet, um die Spannungen auszugleichen, ohne dass damit tatsächlich etwas erreicht wird. So bluten die Betroffenen allmählich aus. Und genauso eskalieren die Symptome. Sie haben stets die Tendenz, chronisch zu werden. Ob es sich um Muskelverspannungen handelt oder um Migräne, um Magen-Darm-Probleme oder um Tinnitus, um Blasen-Symptome, die Anfälligkeit für Erkältungskrankheiten oder um Fibromyalgie – die Liste der Symptome ließe sich beliebig verlängern.

Ärztliche Untersuchungen und Behandlung dürfen selbstverständlich nicht außer Acht gelassen werden. Nicht immer jedoch führen ärztliche Bemühungen zur Lösung des Problems. Ohne das Wissen um die wahren Ursachen wird die Behandlung oft selbst zum Teil des eskalierenden Systems aus Überforderung und Unterforderung.

Es macht übrigens keinen Sinn, sich einen »vernünftigen Mittelweg« zwischen den Polen Überforderung und Unterforderung zu erdenken. Der innere Konflikt ist nicht vom Kopf her zu lösen. Schließlich ist es ja gerade das Denken, das zu diesem Dilemma wesentlich beiträgt oder das es sogar immer wieder entstehen lässt.

Die Lösung liegt in der Wahrnehmung des eigenen Körpers und der Veränderung der Wahrnehmungsmuster. Sie liegt genau dort, wo bei den angepassten Hochsensiblen die Schwachstelle liegt. Sie nehmen sich, ihre eigenen Bedürfnisse, konkreten Möglichkeiten und Grenzen nicht wahr. Und genau hier haben die Symptome, Schmerzen und chronischen Krankheiten ihre Funktion, ganz gleich, ob es sich um Tinnitus, um Muskelverspannungen, um Migräne oder die Anfälligkeit für grippale Infekte handelt: Es sind Grenzwächter! Immer wenn Hochsensible ihre Grenzen bereits weit überschritten haben, treten sie in Aktion: Die Migräne zwingt zum Abbruch der Arbeit, zum Nachgeben in einem Konflikt, die Ohrgeräusche erzwingen den Rückzug, die Reaktion der Blase fordert unerbittlich, sich der als überwältigend empfundenen Situation zu entziehen. Und mit der Zeit machen sie sich immer früher bemerkbar, bereits dann, wenn man seinen Grenzen auch nur zu nahekommt. Machen die Symptome uns zunächst unsere Grenzen bewusst, so ziehen sich mit der Zeit unsere Grenzen immer näher um uns zusammen. Die chronischen Symptome bestimmen mehr und mehr unser Leben und engen es ein.

Es geht übrigens meist nicht darum, die besondere Symbolik des einzelnen betroffenen Organs zu deuten, sondern darum, die Funktion des Symptoms innerhalb eines eskalierenden systemischen Zusammenhangs zu erkennen, den Ablauf und damit dieses System zu verändern.

Noch mehr als sich nicht wahrnehmen: sich ignorieren

Anders ist es bei denjenigen Hochsensiblen, die irgendwann in ihrer Kindheit die Entscheidung getroffen haben, keinerlei Schwächen an sich zuzulassen. Sie haben Gefühle oft als gefährlich erfahren, weil man sie durch Gefühle schwächen, zurückhalten und manipulieren konnte. Sie übergehen deshalb alles, was an ihnen schwach und mit Gefühlen verbunden sein könnte, und damit ignorieren sie auch mögliche Reaktionen und Symptome. Sie identifizieren sich mit einem Konzept von Stärke und Belastbarkeit und lange Zeit können Symptome und Schwächen auch tatsächlich ignoriert werden, weil sie nicht in das Konzept ihrer eigenen Wirklichkeit passen.

Wenn der Widerspruch zwischen Selbstbild und tatsächlichem gesundheitlichen Zustand zu groß wird, kann die dann meist ernsthafte Krankheit nicht mehr übersehen werden. Dieses Konzept der Stärke wird nicht selten sogar mit einem frühen Tod bezahlt. Lassen Sie es nicht so weit kommen.

Leichter leben im Alltag

Sich über die Steuerung der eigenen Wahrnehmung selbst zentrieren und abgrenzen zu lernen ist die entscheidende Grundlage, damit Hochsensibilität von einer Belastung zu einem Geschenk in Ihrem Leben werden kann. Dieses Kapitel beleuchtet vor allem die sozialen Zusammenhänge, in denen wir uns bewegen: Beruf, Freundschaften, Partnerschaften und Konfliktverhalten. Hier werden Sie weitere Wege kennenlernen, um ungünstige Denkgewohnheiten und Gefühlsmuster aktiv und konstruktiv zu beeinflussen. Die Folge: Sie sind Reizen von außen nicht mehr ungeschützt ausgesetzt, Sie sorgen besser für sich selbst und leben entspannter und in mehr Harmonie mit anderen zusammen.

Stressresistenter werden

Wir Hochsensiblen nehmen mehr Reize auf als andere – und das intensiver. Wir denken weniger in Schubladen und können uns dabei oft nicht abgrenzen. In der Folge haben wir auch mehr Reize zu verarbeiten und sind damit mehr und länger beschäftigt. Wir sind stärker gefordert als andere und geraten schneller in Stress. Hinzu kommt häufig, dass wir die Welt als überwältigend und bedrohlich erleben. Mit diesem Lebensgefühl sind wir noch weniger resistent gegenüber Stress.

Wenn sich alles ändert: »Anpassungsüberforderung«
Hochsensible sind es, die zuerst sich anbahnende Veränderungen wahrnehmen können und früher die Notwendigkeit für Wandel

und Erneuerung spüren. Zugleich sind sie es, die im Allgemeinen länger als andere brauchen, um sich an sich verändernde Situationen anzupassen. Sie vernetzen die neuen Informationen stärker und weiter und benötigen dafür mehr Energie. In einer Zeit immer rascher ablaufender Veränderungen sind sie deshalb stärker gefordert als weniger sensible Menschen. Diese »Anpassungsüberforderung« löst Stress aus. Dieser Stress entsteht nicht nur bei Veränderungen, die einem nicht gerade willkommen sind, sondern sogar bei erfreulichen und erwünschten Neuerungen, wenn sie geballt oder zu schnell daherkommen und damit als überwältigend erlebt werden.

Innere und äußere Widersprüche bewirken Stress
Wir Hochsensiblen leiden häufig unter der Kluft zwischen unserem hohen Anspruch an uns selbst und dem Unvermögen, diesem Anspruch gerecht zu werden. Darüber hinaus nehmen wir auch besonders gut die Ansprüche und Anforderungen wahr, die andere an uns stellen. Gegen Widersprüchlichkeiten und Spannungen aus unserer Umgebung können wir uns oft nicht abgrenzen. Hinzu kommen die Spannungen, die viele Hochsensible selbst mit ihrer Umwelt haben, die ihnen häufig fremd und störend erscheint. Sehr oft besteht auch ein innerer Konflikt zwischen ihren Anpassungsmustern und ihrem eigentlichen Wesen. Diese Spannungen bewirken gefährlichen Dauerstress. Hinzukommender aktueller Stress bringt das Fass dann schnell zum Überlaufen.

Oft verstärken wir Stress auch dadurch, dass wir Widerstand aufbauen – unserem eigenen Wesen gegenüber, das wir nicht annehmen, anderen Menschen gegenüber, die wir so nicht akzeptieren, wie sie nun einmal sind, gegenüber den »Verhältnissen«, die wir eigentlich verändern möchten, oder gegenüber Veränderungen, die wir nicht aufhalten können. Diesen Widerstand überhaupt zu bemerken ist ein erster großer Schritt, um ihn loslassen zu können.

> **REFLEXION**
> Hochsensible übernehmen leicht den Stress anderer Menschen. Dann sind auch wir plötzlich gestresst, ohne die Ursache dafür zu kennen. Stress verändert den Fluss in unserem Energiesystem und überträgt sich energetisch. Wenn Sie Stress an sich wahrnehmen, fragen Sie sich: Wessen Stress ist das eigentlich? Ist das wirklich meiner? Ist es Ihnen möglich, den Stress beim anderen zu lassen und dadurch die Spannung nicht weiter eskalieren zu lassen? Das wäre übrigens konstruktiv auch für Ihr Gegenüber.
> Wenn Sie Ihrem Stress bewusster begegnen möchten, können Sie sich fragen, was Sie denn gerade so stresst: Sind es zu viele Außenreize? Müssen Sie zu viele Veränderungen auf einmal verkraften? Tritt eine Herausforderung an Sie heran? Ist es ein Anspruch, den Sie an sich selbst stellen? Stehen Sie in einem inneren Konflikt? Haben Sie einen Konflikt mit einer anderen Person oder mit äußeren Umständen? Oder handelt es sich sogar um einen Konflikt, den Sie vielleicht gar nicht zu übernehmen bräuchten?

Stress – kontrollierbar oder unkontrollierbar?

Die Stressreaktion mit Adrenalinausschüttung, beschleunigtem Herzschlag, intensiverer Atmung etc. ist angeboren, damit wir im Gefahrenfall schnell reagieren können. Stressauslöser wird es immer geben: Gefahren und Bedrohungen, Veränderungen und Herausforderungen, Konflikte ... Entscheidend für das Erleben von Stress ist die Frage, ob wir die Situation kontrollieren können oder ob sie uns als unkontrollierbar erscheint. Wenn wir den Stress steuern können, wird die Bedrohung zur Herausforderung, an der wir wachsen. Angst wandelt sich in Mut und Vertrauen. Fördernd dafür sind konstruktive Erfahrungen im Umgang mit Herausforderungen, Wissen und Umsicht, eigene Kraft und der Rückhalt von anderen.

Unkontrollierbar wird die Stress auslösende Situation, wenn wir uns überfordert und ohnmächtig fühlen, wenn die Anforderungen zu hoch sind, wenn Wissen und Methoden fehlen, wenn andere es uns nicht zutrauen oder uns noch mehr Angst machen, wenn wir das an uns heranlassen und wir an uns selbst zweifeln. Dann wächst die Angst. Man schwächt sich selbst und kann nicht bestehen. Dann lernt man auch nicht, dass und wie man in der Lage wäre, eine solche Situation zu bewältigen.

Hochsensible können schneller in die Hilflosigkeit geraten, ihre Stressreaktionen werden dann unkontrollierbar. Wenn sie ihre Körperwahrnehmung der Anpassung geopfert haben, haben sie keinen Bezug zur Einschätzung ihrer realen Kraft und kennen ihre Grenzen der Belastbarkeit nicht. Wenn sie sich überschätzen, führt das zur Niederlage, und in der Folge werden sie sich dann unterschätzen, was wiederum ihren Stress gegenüber Herausforderungen verstärkt.

Zusätzlich haben wir Hochsensiblen von Kindheit an oft auch damit zu kämpfen, dass gewöhnlich ein Elternteil, manchmal beide hochsensibel waren und auch nicht konstruktiv mit Stresssituationen umgehen konnten. Dann sieht sich ein Kind ausgerechnet in Situationen der Herausforderung einem zusätzlichen Stressauslöser ausgesetzt. Mit ihrer eigenen Stressreaktion bieten die Mutter oder der Vater dem Kind nicht nur keinen Rückhalt, sie setzen auch kein Vertrauen in die Bewältigungsfähigkeiten des Kindes. Darüber hinaus fallen sie dem Kind auch noch mit ihrer eigenen Angst in den Rücken. Ein solches Kind befindet sich dann in einem Zweifrontenkrieg, den es so noch weniger bestehen kann. Es muss zusätzlich noch den Elternteil beruhigen und kann sich ihm nicht anvertrauen. Es ist allein. Es wird sich vielleicht selbst bald noch weniger zutrauen, und die Herausforderungen des Lebens bewirken dann umso mehr unkontrollierbaren Stress.

Wenn Methoden zum Stressabbau noch mehr schwächen

Viele Gestresste unternehmen das ihnen Mögliche, um dem Stress zu begegnen. Sie treiben Sport, nehmen sich Zeit für Ruhe, ziehen sich aus Kontakten zurück, sie machen Autogenes Training oder Meditation. Nicht alle Wege führen jedoch zum erwünschten Ziel. Manche Bemühungen bewirken sogar genau das Gegenteil und machen noch anfälliger für Stress.

So ist beispielsweise Meditation eine hoch wirksame Methode. Man sollte jedoch bewusst nach der individuell passenden Übungsart suchen, um tatsächlich den erwünschten Effekt zu erzielen. Meditationsformen, die weder den Körper noch Bewegung einbeziehen, sind für Europäer, die sich meist zu wenig bewegen und zu wenig Kontakt zum eigenen Körper haben und verkopft sind, oft ungeeignet, und für Hochsensible können sie sogar schädlich sein.

NATASCHA ist 43 und arbeitet als Bankangestellte: »Mein Arzt hatte mir Autogenes Training ans Herz gelegt. Zuerst fühlte es sich für mich gut an, mich z.B. hinzulegen und mich schwer zu fühlen. Mit der Zeit entwickelte sich in mir jedoch eine Art Widerwillen dagegen. Ich wurde zwar ruhig, doch war da auch dieses Gefühl dumpfer Schlaffheit, das mich auch danach noch träge machte. Heute mache ich Qi Gong, ich erreiche damit nicht nur Entspannung und Stressabbau, sondern bin irgendwie in meiner Mitte, spüre meine Energie und eine Art von entspannter Kraft und geistiger Präsenz. Nach den Übungen bin ich ruhig und dabei zugleich angenehm wach. Oft habe ich danach sogar das Bedürfnis, noch etwas zu unternehmen.«

VALESKA berichtet nach einem Vortrag: »Bei der Meditation, die ich nach Kassetten gemacht hatte, stieg ich gewissermaßen immer höher und öffnete mich noch mehr. Manchmal dachte ich, das ist der einzige Zustand, in dem ich noch sein will. Je mehr ich mich in den Kosmos auflöste, desto mehr überwältigte mich dann der Alltag, so als würden alle Reize über mir zusammenschlagen.«

KAREN (57) ist Schulleiterin: »Ich wurde bei der Sitzmeditation mit der Zeit immer unruhiger und nervöser. Umso härter wurde ich zu mir und versuchte mit noch mehr Disziplin, die Unruhe niederzuhalten. Irgendwie kannte ich das aus der Kindheit. Heute weiß ich, das alles war sinnlos. Es war nur eine weitere Variante für das alte Spiel, mich an Leistung und Normen anzupassen und ständig meine eigenen Bedürfnisse und Grenzen zu ignorieren.«

Vielen Hochsensiblen fehlt der Kontakt zum Körper, sie spüren ihre Grenzen zu wenig, sind nicht geerdet und zu wenig zentriert. Und dann unterziehen viele sich auch noch einer Meditation, die noch mehr entgrenzt, transzendiert und auflöst. Das Ergebnis liegt auf der Hand: Sie werden noch dünnhäutiger, drohen abzuheben und werden noch anfälliger für Stress. Und vielleicht versuchen sie dieser Entwicklung dadurch entgegenzusteuern, dass sie noch mehr meditieren ... Kommt eine passende ideologische Überhöhung dazu, wird eine solche Fehlentwicklung oft lange nicht wahrgenommen. Erst wer zentriert und geerdet ist, kann sich die nächsten, darauf aufbauenden Schritte seiner Entwicklung erlauben und sich irgendwann vielleicht zum Ganzen und Transzendenten öffnen, ohne sich dabei zu versteigen und abzustürzen.

Hilfreich sind gerade für Hochsensible Meditationsmethoden, die zur Erdung und energetischen Zentrierung beitragen. Taichi, Qi Gong und Yoga gehören dazu. Bei aller geistigen Ausrichtung lernt man gleichzeitig, seinen Körper und seine Energie wahrzunehmen und sich ihrer mehr und mehr bewusst zu werden. Wichtig ist es für viele Hochsensible, den eigenen Körper nicht nur als Ort von Schmerzen, Schwäche und Schwere zu erleben, sondern die Energie, das Pulsieren des Lebens, den Atem und angenehme Muskelspannung zu spüren und so den Zugang zur eigenen realen Kraft und Belastbarkeit zu finden und sie zu stärken.

Zwei Wege: Adrenalin abbauen und Oxytozin aufbauen
Wer tagsüber im Stress gelebt hat, der sollte am Abend das dabei gebildete Adrenalin abbauen. Das gelingt durch Muskeltätigkeit und Bewegung. Schwierig wird es, wenn man zu müde ist, sich zum Joggen, zum Training im Sportstudio oder zum Spaziergang aufzuraffen, auch wenn das verständlich ist. Durch das nicht ab-

gebaute Adrenalin ist man am nächsten Tag noch weniger belastbar. So sinkt die Stressresistenz von Tag zu Tag.

Viele Gestresste, die den Tag über viel Unruhe über sich ergehen lassen mussten, freuen sich auf einen ruhigen Abend, den sie allein und zurückgezogen verbringen möchten. Doch wenn sie allein bleiben, können sie auch nicht den Gegenspieler von Adrenalin produzieren, mit dem man auf andere Weise Stress reduzieren kann: Oxytozin. Dieses Hormon, das Mutter und Kind beim Stillen aufbauen, entsteht ebenso bei Zärtlichkeit oder auch schon bei dem Erleben von Nähe zu anderen Menschen, wenn man Vertrautheit und Rückhalt spürt.

Ein Hochsensibler, der so gestresst ist, dass er sich nicht zu Sport und Bewegung aufraffen kann, der keine Lust hat auf Kontakte und lieber allein bleibt, weil er sich nur noch nach Ruhe sehnt, der verschafft sich damit durchaus nicht immer die erhoffte Erholung. Es kann sein, dass er sich dadurch sogar noch mehr schwächt.

Wer nicht mehr die Energie aufbringen kann, sich zu eigenen Aktivitäten aufzuraffen, läuft Gefahr, Zuflucht zu nehmen zum Scheinleben des Fernsehens. Scheinbewegung und Scheinkontakte übertönen die wirklichen Bedürfnisse, ohne sie je stillen zu können. Man bleibt bedürftig, in einem Mangel, den man auf diese Weise nicht beheben kann. Mangel und Einsamkeit bewirken jedoch ebenfalls Stress, auch wenn diese Form von Stress anders wahrgenommen wird. Wer so lebt, schwächt sich auf Dauer systematisch. Er ersetzt am Feierabend nur den einen Stress durch einen anderen.

STRESSABBAU IST ZUGLEICH STRESSPROPHYLAXE
Wenn Sie heute Ihren Stress durch Sport, Bewegung oder durch Begegnungen mit anderen Menschen reduzieren, können Sie bereits morgen schon ein wenig mehr Stress verkraften!

Gibt es keine anderen Faktoren, die dieser Entwicklung entgegenwirken und den eskalierenden Regelkreis durchbrechen, enden nicht wenige im Burn-out und häufig damit auch im sozialen und wirtschaftlichen Aus. Viele Hochsensible gehen diesen Weg, ohne zu ahnen, was sie mit so viel Schonung und Rückzug selbst bewirken.

Wenn es ganz hart kommt: Die Hochsensiblen wissen, wo der Rettungsring hängt!
Ein merkwürdiges Phänomen, zu dem fast alle Klienten und Seminarteilnehmer eigene Beispiele beisteuern können: In alltäglichen Situationen sind weniger sensible Menschen meist handlungsfähiger und entscheidungsfreudiger als wir Hochsensiblen. Doch in extremen Gefahrensituationen kehrt sich das um. Wenn alle wie die aufgescheuchten Hühner durcheinanderlaufen und nicht wissen, was zu tun ist, sind es plötzlich die Hochsensiblen, die zupacken können. Dann sind wir es, die den Durchblick haben und beherzt die erforderlichen Maßnahmen ergreifen. Dann sind wir todesmutig und können kämpfen! Ein merkwürdiger Widerspruch. Es wirkt fast so, als würden wir plötzlich nach ganz anderen Regeln und nach einem ganz anderen Programm »funktionieren«. Entscheidungsschwierigkeiten und Umständlichkeiten sind auf einmal vergessen, wir sind einzig auf das ausgerichtet, was wichtig ist, und wissen bis in die kleinste Zelle hinein, worum es jetzt geht.

Zu diesem Zustand können Sie auch willentlich Kontakt aufnehmen, um den alltäglichen Herausforderungen des Lebens besser gewachsen zu sein. Allein schon das Bewusstsein, diese souveräne Seite in sich zu haben, verändert die Einstellung zum Leben und das Konzept, das wir von uns selbst haben. Wer als Hochsensibler diese Erfahrung selbst und bewusst gemacht hat, kann sich mit größerem Vertrauen dem Leben und seinen Herausforderungen stellen. Vorsicht: Diese Seite darf jedoch auf keinen Fall verwechselt werden mit einer Tendenz, die bei vielen

REFLEXION

1
- Erinnern Sie sich an eine Situation, in der Sie gestresst waren.
- Mit welchen Gedanken haben Sie auf die äußere Herausforderung und auf die in Ihnen ablaufende Stressreaktion reagiert?
- Mit welchen Gefühlen haben Sie den Stressauslöser und die Stressreaktion beantwortet?
- Wie haben Sie körperlich darauf reagiert?
- Wie haben Sie sich in der Folge verhalten?
- Und wie hat das wiederum das Ganze angeheizt?

2
- Was und wie müssten Sie denken, um Ihre Reaktion auf den Stress zu verstärken?
- Welche Gefühle hätte Ihre Stressreaktion noch weiter gesteigert?
- Welche körperlichen Reaktionen hätten noch mehr zu Ihrem Stress beigetragen?
- Und welches Verhalten hätte die Situation auf die Spitze getrieben?
- Und wie wäre das Ganze dann eskaliert?

3
- Mit welchen Gedanken könnten Sie konstruktiv – und ohne sich etwas vorzumachen – auf die äußere Herausforderung und auf Ihre ablaufende Stressreaktion antworten, sodass der Stress nicht ausufert?
- Welche Gefühle wären in der Situation angemessen, um die Stressreaktion zu begrenzen?
- Welche körperlichen Reaktionen (Körperhaltung, Atem …) würden sich so auswirken, dass der Stress sich nicht weiter verstärkt?
- Welches Verhalten wäre als Reaktion auf den Stressauslöser und auf die in Ihnen ablaufende Stressreaktion für Sie konstruktiv gewesen?
- Und wie wirkt sich das wiederum aus auf die ganze Situation?
- Und wie kann diese Vorstellung sich auf Ihr zukünftiges Verhalten bei Herausforderungen auswirken?

Hochsensiblen so stark ausgeprägt ist – der überfordernden Seite, die Leistung fordert und Anpassung an die Norm. Es handelt sich nicht um die Seite, die einem zu viel abverlangt!

Das Bild von Hochsensiblen und unserem Verhältnis zum Stress ist sehr widersprüchlich. Den Umgang mit Herausforderungen müssen viele von uns erst neu lernen und trainieren. Meist sind es automatisch ablaufende eigene Reaktionen, die den Stress noch verstärken und potenzieren. Durch bewusste Veränderung dieser Abläufe ist es möglich, den Umgang mit der angeborenen Stressreaktion selbst konstruktiv zu steuern und eine höhere Stresstoleranz zu entwickeln. Und dafür kann die eigene hohe Sensibilität selbst einen entscheidenden Beitrag leisten.

Hochsensible denken anders

Da wir mehr Reize aufnehmen als andere, müssen wir auch mehr Reize verarbeiten. Wie wirkt sich das auf unser Denken und damit auch auf unsere Arbeit und unser Berufsleben aus?

Wir beziehen mehr Informationen in unsere Überlegungen ein als andere Menschen. Wenn wir über hohe Intelligenz verfügen, kann das von Vorteil sein. Wir sind dadurch stärker gefordert und haben die Chance, schon früh unsere Fähigkeit zu differenziertem und komplexem Denken auszubauen. Potenziell können wir uns der Erfüllung des Anspruchs an Ganzheitlichkeit im Denken nähern.

Doch wirkt sich die erweiterte Reizaufnahme und Reizverarbeitung bei allen Hochsensiblen auch wirklich vorteilhaft aus? Zunächst einmal kann eine solche mentale Differenzierung mehr Zeit erfordern, bis sie zu klaren Ergebnissen kommt. Es mangelt diesem Denken oft die Zentriertheit, die eigene Position. Dadurch kann es objektiver sein, doch fehlt ihm oft die Verbindung zum Körper, sodass es nicht wie von selbst mit einem Gefühl der Stimmigkeit des Ergebnisses überprüft werden kann. Also denkt man in seiner Unsicherheit darüber, was denn stimmt, noch ausführlicher nach, versucht sich an den Gedanken anderer zu orientieren und kommt dadurch noch weniger zum Schluss. Mit dem Verlust des Bezugs zum Körper und zur eigenen Position geht auch die selbstverständliche Berücksichtigung eigener Interessen verloren und darüber hinaus die Einbeziehung der eigenen Grenzen und damit Gesichtspunkte der Machbarkeit. Es gleicht sich anderen an oder hebt ab. Im Extremfall ersetzt endloses Denken das Handeln.

Dass diese Art zu denken energetisch zu einer Überlastung des Kopfbereiches führt, sei nur am Rande erwähnt. Die Wahrnehmung des Körpers und der eigenen Grenzen gerät dadurch noch mehr ins Hintertreffen. Diese Energiekonzentration in Verbindung mit der Überschreitung der eigenen Grenzen kann sich in den entsprechenden Symptomen bemerkbar machen.

Bei mangelnder Schulung des Denkens fehlt es an Präzision, Sachlichkeit und Klarheit. Das Denken wird dann sehr subjektiv, es vermischt sich mit Gedanken, Gefühlen, Meinungen, theoretischen Ansprüchen und Ressentiments und kann sich verstricken in einem Wust an Details und Rücksichtnahmen, sodass es sich oft verläuft und nicht zu Ergebnissen führt. Von diesem Denken kann man sich hin und her getrieben fühlen, man erleidet es ebenso passiv wie seine Wahrnehmung. Umso bereitwilliger gibt man dann vielleicht seine Verantwortung ab und lässt sich von den Überlegungen anderer oder von Konventionen bestimmen.

Ein Konflikt zwischen dem eigenen Denken und dem der anderen
Wir Hochsensiblen können potenziell nicht nur differenzierter, tiefgründiger und weitläufiger als andere denken, wir können uns gewöhnlich auch in das Denken anderer wie selbstverständlich hineinversetzen. Wir nehmen die Gedanken anderer offen auf und können ihrem Fluss folgen, als wären es unsere eigenen Überlegungen.

So kann es passieren, dass sich ein Hochsensibler im Gespräch mit einem anderen Menschen in dessen Position, Sichtweise und seinen Gedankengängen verliert. Das kann so weit gehen, dass er danach Mühe hat, sich selbst, seine Position, seine Sichtweise und Interessen wiederzufinden.

Das eigene Denken eines Hochsensiblen ist oft radikaler und anderen Menschen fremd, denn es beruht auf einer umfassenderen und oft auch hintergründigen Wahrnehmung, und es misst sich an einem höheren Anspruch an Harmonie, Gerechtigkeit und Vollkommenheit. Es kann sehr subjektiv erscheinen, doch ist es üblicherweise nicht von der eigenen Position und den eigenen Interessen bestimmt. Dadurch ist es in der Lage, altbekannte Positionen grundlegend infrage zu stellen. Selbst wenn es sich um politische Inhalte dreht, kommt dieses Denken für andere oft als viel zu absolut daher, als dass es im engeren Sinne politisch sein könnte.

Gewöhnlich wird man sich allein fühlen mit dieser Art zu denken. Besonders für Kinder ist das ein Quell großer Verunsicherung. Aus diesem Erleben entsteht ein innerer Konflikt zwischen dem eigenen differenzierten und hintergründigen Denken und dem Denken der anderen. Vielfach passt man seine Gedanken an, traut seinem eigenen Denken nicht mehr, hemmt es mit Zweifeln oder übergeht es, um am Ende dann doch von ihm eingeholt zu werden.

Dem eigenen Kopf nicht trauen
Viele Hochsensible verlassen sich nicht auf ihren eigenen Geist. Sie finden sich, wenn sie zu ihren eigenen Wahrnehmungen stehen und ihrem eigenen Denken folgen, allein gelassen. Sie leben zudem in einem Konflikt zwischen ihrem angepassten Denken in der Begegnung und ihrem meist verzögerten eigenen Gedankenfluss, der sich oft viel zu spät einstellt und dann häufig unvermittelt. Für andere kann dieser Bruch sichtbar und beunruhigend sein. Die eigenen Überlegungen des Hochsensiblen treten als

Eigensinn auf, oft trotzig und starr, radikal und losgelöst von der Lebenspraxis. Verschmolz der Hochsensible soeben noch mit seinem Gegenüber, so vollzieht er nun plötzlich mit seinen eigenen Überlegungen einen Bruch, der die anderen nur zu oft vor den Kopf stößt.

Doch ganz abgesehen vom Thema der Hochsensibilität ist im Grunde jeder mit seinem Denken allein gelassen. Es gibt keinen Unterricht in der Benutzung des Gehirns, keine Unterweisung ins Denken, in die unterschiedlichen Denkmöglichkeiten. Auch der Mathematikunterricht ist kein Ersatz dafür. Das Denken ist mehr oder weniger dem Prinzip von Versuch und Irrtum überlassen. Was im Kopf vor sich geht, wie man zu welchem Ergebnis kommt, bleibt nur zu oft in der Blackbox des Gehirns verborgen.

Das sprachliche Denken lernen wir wohl hauptsächlich dadurch, dass wir den Überlegungen eines anderen Menschen zuhören, durch die Übernahme der Gedankengänge von Vorbildern. Problematisch kann das für die hochsensiblen Kinder hochsensibler Eltern sein, die selbst ihrem eigenen Denken nicht trauen, die zwischen angepasstem Denken und eigenem Denken hin- und herschalten, deren Denkmuster voll von Widersprüchen und Konflikten sind, die über Ungereimtheiten und vielleicht sogar über allerlei Denkverbote, Scheren und Tabus im Kopf verfügen, mit denen sie ihre gedankliche Radikalität beschneiden, wenn sie ihnen zu brisant wird. Die Schwierigkeiten mit dem Denken werden weitergegeben und können sich beim Kind verstärken.

Die Möglichkeit, über ein und dieselbe Sache auf unterschiedliche Weise denken zu können, führt bei vielen Betroffenen zur Verwirrung. Sie kennen sich selbst nicht mehr aus in ihrem eigenen Kopf. Sie fühlen sich hin und her gerissen, wenn sie wahrnehmen, dass sie nicht Herr ihres eigenen Denkens sind. Die Erkenntnis der Relativität und der Beeinflussbarkeit der Gedanken und die Erfahrung, so oder noch ganz anders denken zu können, eröffnen die Möglichkeit, sein eigenes Denken distanziert wahr-

> **REFLEXION: BEWUSSTES DENKEN**
>
> - Übrigens: Was haben Sie gerade gedacht?
> - Wussten Sie, dass Sie das gedacht haben?
> - Wollten Sie das denken?
> - Wer oder was denkt hier eigentlich?
>
> Wenn Sie wahrnehmen, was Sie denken, können Sie auch über Ihr Denken nachdenken, Sie können dann auch entscheiden, ob Sie überhaupt so denken wollen oder vielleicht ganz anders. Mehr und mehr denken Sie bewusst, und das bedeutet mehr Freiheit für Sie. Sie nehmen dadurch endlich Ihren eigenen Kopf selbst in Besitz.

zunehmen und infrage zu stellen. Dann verfügt man über die Fähigkeit, über sein Denken denken zu können und es selbst zu steuern. Und das ist bewusstes Denken!

Auch beim Denken sind wir Hochsensiblen vor die Wahl gestellt, unter unserer Begabung zu leiden, sie als Defizit zu erleben oder Bewusstheit zu entwickeln. Für den Bereich des Denkens heißt das, entweder fremden Denk- und eigenen Anpassungsmustern ausgeliefert zu sein, in einem schwelenden inneren Dauerkonflikt zwischen Anpassung und forcierter Eigenwilligkeit zu leben, sich von alten Denkgewohnheiten beherrschen zu lassen – oder verantwortlich mit dem eigenen Denken umzugehen, aktiv und bewusst zu denken und die Qualitäten dieses Denkens zu entfalten.

Der Gegner im eigenen Kopf
Das Vorhandensein und die Entwicklung von Intelligenz sagen noch nichts darüber aus, wie ein Gehirn benutzt wird, was beim Denken herauskommt und wie sich das auf den Besitzer dieses Gehirns auswirkt. Das Denken kann konstruktiv zur Entfaltung

beitragen, es kann Glück, Freude und Erfolg fördern. Doch ebenso kann die Intelligenz dafür eingesetzt werden, sich anzupassen, nicht aufzufallen, das eigene Glück, Freude und Erfolg zu verhindern, sich selbst zu hemmen und die eigene Entfaltung zu unterlaufen. Dann beherbergt ein solcher Mensch einen ganz besonders intelligenten heimlichen Feind in sich, gegen den er ohne fremde Hilfe nahezu machtlos ist. Denn dieser Saboteur hat bereits alle Versuche, sich von ihm zu befreien, von vornherein ausspioniert, er kennt bereits alle Absichten und weiß sie durch entsprechende Gedanken, die gut getarnt ihre Absicht verschleiern, intelligent zu hintertreiben.

Doch was ist Intelligenz? Wie viel taugen Intelligenztests? Und was wird da eigentlich gemessen? Ein Intelligenztest sieht so aus: Input – eine Aufgabe wird gestellt. Und dann wird das Ergebnis bewertet – Output. Die Verarbeitung dazwischen bleibt im Dunklen. Das Gehirn ist eine Blackbox. Im Grunde wird nur das Ergebnis gemessen. Wird ein Intelligenztest nur denen gerecht, die ihre Intelligenz stromlinienförmig und zur Lösung von gestellten Aufgaben anwenden können? Welche Intelligenz kann ein Test bei einem Menschen messen, der in seinem Denken verunsichert ist und der sich in seinem differenzierten Denken den anderen anpasst, der seine Intelligenz sogar dafür einsetzt, sich gewissermaßen selbst einen Knoten in seine Gedanken zu machen?

Meine Beobachtung bei hochintelligenten und anderen Hochsensiblen war, dass die hohe Sensibilität und zugleich das Denken sie selbst irritierte. Ihre Erfahrungen, anders zu sein, nicht verstanden zu werden, führten nicht nur zur Anpassung in der Wahrnehmung, sondern auch zur Anpassung beim Denken. Das Denken war dann gegen sie selbst gerichtet, zu einer gegen ihre Entfaltung gerichteten Manipulation verkommen. Am Ende konnten sie ihrem eigenen Kopf nicht mehr trauen, vertrat ihr Denken doch die Interessen von anderen, geeignet dazu, sie klein zu halten.

Es liegt nahe, wie sich ein solches Denken auf das Treffen von Entscheidungen auswirkt: Der Kopf ist in Entscheidungsfragen, die oft mathematischen Aufgaben mit viel zu vielen Unbekannten gleichen, schlichtweg überfordert. Sie sind durch Denken nicht lösbar. Um zu guten Entscheidungen kommen zu können, brauchen wir einen guten Kontakt zum Körper, genauer zum Bauch, der dann einspringt und die Entscheidung trifft.

Besondere Hürden vieler Hochsensibler beim Denken
- Sie denken ohne Zentrum und Position (was in vielen Situationen durchaus auch vorteilhaft sein kann).
- Sie denken ohne Bezug zum Körper und daher ohne bestätigende Resonanz der Stimmigkeit durch ihr Körpergefühl.
- Das Denken kann ausufern und sich versteigen und kommt nicht auf ein eindeutiges Ergebnis.
- Ohne Bezug zum Körper und ohne Zentrierung werden die eigenen Grenzen und die eigene Kraft zur Umsetzung nicht berücksichtigt. Dadurch tendiert man dazu, sich selbst zu überfordern.
- Beim Denken ohne Zentrum und Position kommt es zum Verlust der eigenen Interessen.
- Das Denken ist gefangen in einem Konflikt zwischen Anpassung und Rebellion, zwischen Flexibilität und Starrheit, zwischen Altruismus und verspätetem Egoismus.
- Denken statt Handeln! Denken als Verhinderungsstrategie.
- Das Denken hebt ins Idealistische ab. Statt die Überlegungen umzusetzen, werden die Ansprüche an Vollkommenheit weiter erhöht.

Potenziell vorhandene besondere Qualitäten der Hochsensiblen beim Denken
- Objektiv und unbestechlich denken.
- Das Denken ist umsichtig und frei von Scheuklappen.
- Das Denken ist gründlich und zugleich weit vernetzt.
- Das Denken lässt sich nicht durch Konventionen einschränken.

- Das Denken respektiert auch die Interessen anderer.
- Das Denken berücksichtigt auch die Auswirkungen und Folgen des Handelns, Gesichtspunkte der Nachhaltigkeit.
- Das Denken ist zugleich kritisch und selbstkritisch.
- Das Denken lässt sich nicht durch die momentane Machbarkeit einschränken, es kann daher visionär sein.
- Das Denken verbindet zwischen dem Anspruch und den Möglichkeiten der Umsetzung.
- Das Denken erkennt seine eigene Relativität und wird sich seiner selbst bewusst.

Konkrete Fragen, die beim Denken weiterhelfen
- Hilft dieses Denken meiner Entfaltung oder verhindert es sie?
- Besteht dieses Denken nur aus der Suche nach Bedenken, Einwänden und Hindernissen?
- Hilft mir dieses Denken dabei, aktiv zu werden? Oder bremst und hindert es mich nur?
- Denke ich anstatt zu handeln?
- Ist es Wunschdenken oder reine Theorie, die mich von meinen Aufgaben ablenkt?
- Nützen diese Überlegungen? Und wem?
- Was verbiete ich mir zu denken?
- Bringt dieses Denken mehr Klarheit? Oder wird dadurch alles noch komplizierter?
- Ist es überhaupt mein Denken? Von wem ist es geprägt?
- Besteht dieser Gedankengang aus Trotz und Eigenwillen?
- Ist dieses Denken vielleicht sogar nur das Negativ des Denkens einer anderen Person?

Um bewusst denken zu können, muss man zunächst einmal wahrnehmen, was man denkt. Stellen Sie sich ab und zu die Frage: Was denke ich gerade? Dann erst können Sie entscheiden, ob Sie so denken wollen oder vielleicht ganz anders. Dann erst können sie selbstbestimmt Ihren geistigen Reichtum nutzen.

Hochsensibel, ahnungsfähig, medial

Es gibt Hochsensible, die sich nicht nur in die Gedanken eines anderen Menschen hineindenken können, sondern darüber hinaus ahnungsfähig oder sogar medial sind. Sie nehmen Informationen auf, von denen sie nach landläufiger Anschauung eigentlich nichts wissen können, z.B. die Gedanken eines ihnen fremden Menschen oder seine Lebensumstände, Geschehnisse aus seinem vergangenen oder zukünftigen Leben. Ein Phänomen, das beunruhigt und nur zu gern als Scharlatanerie bezeichnet und in Abrede gestellt wird.

Für die medial Begabten kann Medialität außerordentlich belastend sein. Nicht nur, dass sie sich vielleicht schon in der Kindheit ihren eigenen Wahrnehmungen ausgeliefert fühlten. Ihre Äußerungen werden oft auch noch abgetan, abgewertet und ausgelacht. Das Wahrgenommene überfordert die kindliche Seele, ohne dass ein Kind mit jemandem darüber sprechen kann. Es gibt dann auch niemand, der ihm beibringt, wie man mit dieser Gabe umgeht.

Die Herausforderung der Medialen liegt übrigens auch nicht darin, etwas außersinnlich wahrzunehmen, sondern die Aufnahme dieser Informationen bewusst zu steuern, sie zu begrenzen oder auf Wunsch auch einmal ganz abzustellen, sodass sie davon nicht überfordert werden. Das Können zeigt sich in der Fähigkeit, an den Feinheiten der Wahrnehmung genau zu unterscheiden, ob es sich bei diesen Bildern oder Eindrücken um eigene Ängste und Befürchtungen, Hoffnungen und Wünsche handelt oder um die Gedanken, Ängste, Befürchtungen, Hoffnungen und Wünsche einer anderen Person oder um eine von all dem nicht berührte außersinnliche Wahrnehmung.

Ein begabtes Medium empfindet seine Begabung meist als zweifelhafte Fähigkeit und Last. Ein nicht wirklich medial Begabter wäre hingegen allzu gern einmal medial. Für alle, die mit ihrer Ahnungsfähigkeit kokettieren, gibt es genügend Kursangebote, um die eigenen Größenphantasien zu befriedigen. Dass sie dafür einen sehr hohen Preis zahlen, den nämlich, noch mehr abzuheben, sich von noch mehr Reizen überfluten zu lassen und sich zu gefährden, kümmert sie zunächst meist wenig.

Generell ist medial begabten Hochsensiblen zu empfehlen, zu lernen, mit ihrer Sensibilität umzugehen, sich ihrer Wahrnehmung bis in die Feinheiten bewusst zu werden, um differenziert zwischen den verschiedenen Reizen unterscheiden und sie selbst steuern zu können. Erst wenn sie in der Lage sind, sich zu zentrieren, sich zu erden und abzugrenzen, können sie gefahrlos vom Boden der Tatsachen ausgehend die Leiter der Medialität Sprosse für Sprosse langsam erklimmen.

»Gelesene« Gedanken sind keine Argumente

Das Gedankenlesen kann sich im normalen Leben und ganz besonders bei Konflikten destruktiv auswirken: Bei einer Auseinandersetzung wirft der hochsensible Mann seiner Frau vor, sie würde einen Gedanken an Trennung hegen. Und schon eskaliert der Streit.

Grundsätzlich darf man keinem Menschen einen Gedanken, den er nicht geäußert hat, zum Vorwurf machen. Zum einen, weil man nicht wirklich wissen kann, was er tatsächlich denkt. Zum anderen besteht die Gefahr, eigene Befürchtungen damit zu vermengen. Auch muss ein Mensch, der – unter anderen Gedanken – auch diesen Gedanken denkt, von diesem nicht einmal Kenntnis haben. Im Gehirn laufen viele Gedanken gleichzeitig ab, unser Bewusstsein erfasst gewöhnlich nur einen, seltener zwei oder drei Gedankenströme gleichzeitig.

Begrenzen Sie sich in Auseinandersetzungen grundsätzlich auf das »gesprochene Wort« des anderen und lassen Sie seine möglichen Gedanken draußen, wenn sie den Konflikt lösen wollen, sonst gießen Sie nur Öl ins Feuer.

Ignorieren, ausweichen, explodieren: Konfliktverhalten

Immer wieder kann man beobachten, dass viele von uns Hochsensiblen viel zu spät für unsere Interessen eintreten und die Situationen versäumen, in denen wir uns behaupten müssten. Die Ursache liegt nicht überraschenderweise darin, dass wir uns oft selbst weniger wahrnehmen als die anderen. Wir sind dann energetisch nicht zentriert und erleben die Welt nicht aus unserer eigenen Position. Dadurch erkennen wir unsere Bedürfnisse zu spät. Unsere Wahrnehmung ist oft auch nicht von unseren eigenen Interessen, Wünschen und Ansprüchen tangiert. Stattdessen nehmen wir die Bedürfnisse der anderen wahr oder übergeordnete Gesichtspunkte und Werte wie etwa Gerechtigkeit, Ausgleich und Frieden.

Die Überlebensstrategie und das Erfolgsmuster von Hochsensiblen liegen auch im Tierreich nicht darin, offensiv zu sein, sondern darin, Gefahren rechtzeitig zu erspüren, andere zu warnen, sich rechtzeitig zurückzuziehen und sich in Sicherheit zu bringen – denken wir an die Tierwelt, wird klar, wie wichtig diese Strategie ist. Auch wenn es uns hochsensiblen Menschen nicht um Konkurrenz und Dominanz geht, sondern meist um verbindende Werte, z.B. um Ausgleich und Gerechtigkeit, leben wohl nur die wenigsten von uns in der angestrebten Harmonie. Im Gegenteil, je mehr wir uns selbst verloren haben, desto mehr sind wir offenen oder verdeckten Konflikten ausgeliefert.

Zur Sicherung der Existenz gehören auch ein gesunder Egoismus, die Bereitschaft und die Fähigkeit, eigene Interessen zu behaupten, für sich einzutreten und seine eigene Rolle im Leben zu spielen. Gewöhnlich stellt ein Kind zunächst sich und seine Bedürfnisse in den Mittelpunkt, bevor es lernt, die Ansprüche anderer zu respektieren. Bei uns Hochsensiblen kann das bereits in der Kindheit ganz anders sein. Wir nehmen oft zuerst die Bedürfnisse der anderen wahr oder die Ansprüche der Allgemeinheit und dann vielleicht die eigenen. Oft müssen wir erst Zugang zu unseren eigenen Bedürfnissen und Interessen finden, um sie vertreten zu können. Während andere zunächst egoistisch sind und altruistisches Verhalten erlernen müssen, scheinen wir Hochsensiblen als Altruisten ins Leben zu starten. Erst im Laufe unseres Lebens erkennen wir dann, dass auch wir ein gewisses Maß an Egoismus brauchen.

Darum fällt es Hochsensiblen meist auch leichter, für Ideale oder für die Ansprüche anderer einzutreten als für eigene Belange. Dann können wir als edle Ritter mutig für die Rechte von Witwen und Waisen in die Schlacht ziehen. Doch wenn es um unsere eigenen Ansprüche geht, verlässt uns nicht nur der Mut zum Kampf, es fehlt uns dann auch die Präsenz und Geistesgegenwart. Deshalb sind wir häufig nicht einmal in der Lage, diese Gelegenheiten oder Herausforderungen überhaupt und v.a. rechtzeitig wahrzunehmen. Das wäre jedoch die Voraussetzung, um für sich eintreten zu können.

Gelegenheiten verstreichen lassen
Hochsensible greifen gewöhnlich spät zu, wenn der Kuchen verteilt wird. Wir achten darauf, dass auch jeder etwas erhält. Erst dann, wenn jeder etwas hat und wir endlich bemerken, dass wir leer ausgegangen sind, melden wir unsere Ansprüche an, pochen auf Ausgleich und Gerechtigkeit. Vielleicht auch mit dem vorwurfsvollen Ton der Enttäuschung, da wir wohl insgeheim erwartet hatten, dass sich die anderen ebenso hätten verhalten sollen wie wir. Doch dann sind wir es, die den Frieden stören. Gerade durch diese Phasenverschiebung fallen wir zum Altruismus neigenden Hochsensiblen dann als Egoisten auf. Standen wir eben noch so großzügig zurück, so wirken wir jetzt egoistisch, kleinlich oder gar gierig.

Ebenso ist es mit anderen Konflikten. Wenn wir uns selbst nicht spüren, können wir auch nicht im aktuellen Moment wahrnehmen, dass wir eigene Interessen haben und unsere Ansprüche denen der anderen entgegenlaufen können. Wir merken nicht, dass unsere Selbstbehauptung gefragt ist, wenn wir Ausgleich und Gerechtigkeit erreichen wollen. Wir verpassen den Moment, in dem wir ganz einfache Signale der Präsenz und Wachsamkeit hätten geben können. Im Gegenteil, oft laden wir die anderen mit unserem Verständnis oder einer zustimmenden Haltung auch noch dazu ein, ihre Interessen zu vertreten, selbst wenn die unseren eigenen entgegenstehen.

Im aktuellen Moment reicht vielleicht noch eine Geste, ein Blick oder die Veränderung der Körperhaltung, um seinen Standpunkt zu wahren oder jemanden auf Abstand zu halten. Verpasst man den Zeitpunkt, muss man die anderen schon ausdrücklich darauf ansprechen. Und versäumt man auch das, muss man um ein Gespräch nachsuchen. Und wartet man noch länger, geht man leer aus oder muss gar seinen Rechtsanwalt bemühen.

Wen kann es da noch wundern, dass die Themen Selbstbehauptung und Konflikt bei vielen Hochsensiblen ganz besonders stark mit Stress belastet sind. Oft sind wir angespannt, verbissen und starr oder wir ziehen uns kampflos zurück. Dadurch lernen wir auch nicht, uns souverän zu behaupten. Wir ziehen in der Folge den Kürzeren. Umso mehr weichen wir den nächsten anstehenden Konflikten aus. Doch das muss nicht so bleiben.

Konfliktfähigkeit lernen

Je länger man wartet, desto mehr Aggression staut sich in einem an. Dann reicht oft nur ein kleiner Auslöser, und schon explodiert man. Auslöser und Reaktion stehen häufig nicht mehr in ausgewogenem Verhältnis zueinander. Wieder einmal sind wir dann diejenigen, die mit ihrer Aggression auffallen und sich in die Nesseln setzen. Umso weiter rudern wir dann zurück, sind noch mehr um Harmonie und Frieden bemüht, sehen noch mehr von unseren Interessen ab, setzen uns zurück, bis wir wieder viel zu viel Aggression angestaut haben, und dann reicht erneut ein kleiner Auslöser, und die nächste Bombe geht hoch.

Auch wenn es darum geht, unsere eigenen Grenzen zu beachten, sie zu erkennen, sie anderen zu signalisieren und sie notfalls auch zu verteidigen, ist Konfliktfähigkeit gefordert. Wer Nein sagt, muss auch bereit sein, allein dazustehen. Wenn es an Konfliktbereitschaft fehlt, wird man mehr und mehr vom eigenen Terrain preisgeben müssen. Der äußere Konflikt wird dann nach innen verlagert und kann sich dort mit Dauerstress und körperlichen Symptomen breitmachen.

Ein Mangel an Selbstbehauptung zieht wie von selbst Angriffe und Übergriffe von außen an. Niemand wird ernsthaft jemanden angreifen, der kampferprobt und stärker ist als er selbst. Wer sich nicht behaupten kann, lebt in ständigen äußeren oder inneren Konflikten. Unklare Grenzen, die nicht geschützt werden, führen zu dauerndem Zank und Streit, zu genau dem Zustand, den man auf alle Fälle vermeiden wollte.

Erst wer sich als Hochsensibler dieser Herausforderung stellt, kann die Begabung der hohen Sensibilität konstruktiv nutzen. Sie können es sich dann erlauben, so mutig zu sein, Spannungen im Vorfeld wahrzunehmen und anzusprechen, Sie können Konflikten präventiv mit Sachlichkeit und Fingerspitzengefühl zuvorkommen. Dann haben Sie die Initiative und entwaffnen mit Ihrer Umsicht und Schnelligkeit mögliche Gegner. Sie können sogar vermeiden, dass andere überhaupt zu Gegnern werden. Und kommt es einmal zu offenen Konflikten, können Sie zu konstruktiven Lösungen beitragen, indem Sie Ihre Fähigkeit zu einer übergeordneten Sichtweise und den Respekt vor der Position des Kontrahenten einbringen.

Es ist paradox: Erst wenn wir Hochsensiblen unsere Rolle im Leben ausfüllen, erst wenn wir in der Lage sind, ganz entspannt und selbstverständlich für uns zu sorgen und einzutreten, finden wir die Harmonie und den Ausgleich, die uns so sehr am Herzen liegen.

KONFLIKTFÄHIGKEIT: EINE »TROCKENÜBUNG«

1
- Erinnern Sie sich an einen Konflikt. Rufen Sie sich die Situation lebhaft vor Augen. Gehen Sie sie von Anfang an Schritt für Schritt durch, dann unterteilen Sie den Ablauf des Konfliktes in Abschnitte – wie in die Akte eines Theaterstückes.
- Gehen Sie die letzte Phase des Konfliktes noch einmal durch. Verändern Sie dabei Ihr Verhalten in Ihrer Vorstellung so, dass Sie mit sich zufrieden sein können. Gestatten Sie sich in Ihrer Fantasie ganz einfach jedwedes Verhalten, das Ihnen stimmig erscheint.
- Gehen Sie jetzt den vorletzten Akt durch. Verändern Sie auch ihn so, dass Sie mit sich zufrieden sind. Wie wirkt sich die Veränderung des vorletzten Aktes aus auf den letzten Akt? Möchten Sie daraufhin auch den letzten Akt noch mehr verändern?
- Jetzt gehen Sie zum vorvorletzten Akt und so weiter, bis Sie ganz am Anfang der Situation angekommen sind.

2
- Wann gab es im Vorfeld die ersten Anzeichen dafür, dass sich dieser Konflikt anbahnte?
- Woran hätten Sie das bemerken können?
- Wie hätten Sie dem Konflikt zuvorkommen können?
- Lassen Sie den Film von diesen ersten Anfängen an erneut ablaufen. Verhalten Sie sich in dem Film so, dass Sie mit Ihrem Verhalten zufrieden sind.

3
- Könnte es sein, dass der Film nicht nur weniger dramatisch abläuft, sondern auch viel kürzer geworden ist?

Wir lernen und verändern uns übrigens auch *durch die Vorstellung* eines erwünschten Verhaltens! Der Ablauf erschafft neue Verbindungen zwischen Neuronen in unserem Gehirn, die sich durch Wiederholung stärker einprägen. Irgendwann wird der neue Lösungsweg dann zum vertrauten Muster, das unsere alten eingefahrenen Gewohnheiten ersetzt.

Alles geben: Hochsensible und ihr Beruf

In den 20er-Jahren des 20. Jahrhunderts, als Ernst Kretschmer den »Sensitiven Reaktionstypus« beschrieb, waren die Qualitäten der Hochsensiblen im Berufsleben noch gefragt. Die Situation hat sich wesentlich geändert. Mehr und mehr leiden die Menschen unter der Beschleunigung, unter der wachsenden Informationsflut, unter zunehmendem Leistungsdruck und der Konkurrenz aller gegen alle, unter sozialer Kälte und der Auflösung von sozialem Zusammenhalt.

Wenn die Welt sich immer schneller dreht, werden wir Hochsensiblen genau an unserem schwächsten Punkt getroffen, dem der Reizaufnahme und der Reizverarbeitung. Wir sind es, die zuerst unter der Anpassungsüberforderung leiden. Wir sind eigentlich nur die Vorreiter, denn in Wirklichkeit betrifft es jeden. Im Berufsleben ist es kaum möglich, sich diesen Strömungen zu entziehen. Wer nicht mehr reibungslos mitkommt, wird häufig aus dem Berufsleben hinausgedrängt, vielleicht sogar abgeschoben in die Arbeitslosigkeit, ins wirtschaftliche und häufig zugleich soziale Aus.

Die Lösung für uns Hochsensible kann nicht im Rückzug liegen, sondern darin, zu lernen, bewusst mit der Aufnahme von Reizen und der Reizverarbeitung umzugehen. Wer das lernt, kann mitmischen und einen wertvollen und erfüllenden Beitrag leisten. Denn eigentlich haben wir Hochsensiblen beruflich viel zu bieten: Wer möchte nicht mehr wahrnehmen können als andere? Wer möchte nicht den Blick haben für alles, was noch nicht ganz im Lot ist, und den Sinn für zukünftige Entwicklungen? Und wer würde daran zweifeln, dass es von Vorteil ist, Menschen mit ihren Anliegen zu verstehen, das Gespür zu haben für den passenden Ton und den günstigen Zeitpunkt?

Welcher Beruf passt?
Wenn ein Mensch einen Beruf wählt, möchte er gewöhnlich seine Begabungen und Fähigkeiten so einsetzen, dass er davon gut leben kann. Wir Hochsensiblen wollen oft viel mehr: Manchmal wollen wir die ganze Welt verbessern mit unserer Berufstätigkeit. Und dann erst fragen wir uns, ob wir dafür die Voraussetzungen erfüllen und ob wir uns selbst damit ernähren können.

Auch auf die Berufswahl kann sich die beschriebene mangelnde Selbstzentrierung und die unsichere Einschätzung der eigenen Kräfte und Grenzen auswirken: Man greift zu tief, traut sich zu wenig zu, sucht den sicheren Weg und bleibt damit hinter seinen eigenen Möglichkeiten zurück. Oder man greift zu hoch, lebt dann in dem Zwiespalt zwischen überzogenen Ansprüchen und dem Unvermögen, ihnen zu entsprechen.

EIN EIGENES BEISPIEL: Mein Berufswunsch im Alter von 13, 14 Jahren – das Bild von Albert Schweitzer vor Augen – war Arzt. Mein Vater muss wohl gespürt haben, dass ich mich mit dieser Berufswahl überfordern würde. Er riet mir, mich erst einmal in meiner Freizeit bei der Johanniter-Unfall-Hilfe zu engagieren. Als uns während der Ausbildung Dias von Verletzten gezeigt wurden, musste ich kreidebleich den Raum verlassen. Ich konnte kein Blut sehen, mir ging alles viel zu nahe. Damals wusste ich noch nicht, dass man Abstand zum Wahrgenommenen herstellen kann, und hatte auch noch keine Ahnung davon, wie man das macht.

In einer Gruppe von Hochsensiblen finden sich die unterschiedlichsten Menschen. Entsprechend unterschiedlich können sie begabt sein. Sie haben nur eines gemeinsam: die hochsensible

Wahrnehmung. Darum lässt sich die Frage, welche Berufe für Hochsensible passen, nicht pauschal beantworten. Die hohe Sensibilität braucht andere Begabungen und Fähigkeiten, damit sie sich tatsächlich segensreich auswirken kann. Sie kann sonst leicht zum Handicap werden. Von diesen anderen Begabungen haben manche Hochsensiblen mehr als genug. Manchmal ist es gerade dieses Zuviel an Gaben und Interessen, das die Berufswahl belastet. Davon berichten viele Klienten, und auch ich fühlte mich damals bei meiner Berufswahl oft hin und her gerissen zwischen sehr unterschiedlichen Zielen und Möglichkeiten.

Hochsensible sind für alles begabt, das mit Gründlichkeit, mit dem Blick auf Zusammenhänge und zugleich mit verfeinerter und differenzierter Wahrnehmung zu tun hat. Im technischen Bereich sind das Aufgaben, die mit Präzision, mit Fingerfertigkeit und Augenmaß einhergehen, mit Überwachung und Kontrolle, mit Analyse und Fehlersuche, mit der Entwicklung von Neuerungen und v.a. mit der Schnittstelle zwischen Technik und Mensch.

In Wirtschaftszusammenhängen sind mir Hochsensible bekannt, die im Bereich Marketing erfolgreich sind. Doch auch Buchhaltung, der Umgang mit der Harmonie der Zahlen, kann von Hochsensiblen als beglückend erlebt werden – es kommt eben auf zusätzliche Vorlieben, Begabungen und Fähigkeiten an. Im Bereich der Kommunikation sind sie stark, weil sie den passenden Ton treffen, das nicht Gesagte des Gegenübers erspüren und seine Bedürfnisse erkennen können. Oft sind sie für soziale Bereiche hochmotiviert, arbeiten engagiert im Gesundheitswesen, v.a. im Bereich der Pflege. Besonders viele Heilpraktiker sind hochsensibel, oft nach Enttäuschungen in anderen beruflichen Feldern.

GUTE ALTE ZEIT?
Die aktuelle berufliche Situation vieler Hochsensibler ist prekär. Das kann dazu verführen, das Leben in vergangenen Jahrhunderten zu idealisieren. Häufig hört man beispielsweise davon, Hochsensible wären damals als »Berater des Königs« tätig gewesen. Die Idylle alter Bilder trügt jedoch. Die Menschen lebten, wenn sie nicht zum Adel gehörten, in großer Enge zusammen. Die Hütten und Häuser waren voller Kinder und ohne Rückzugsmöglichkeiten. In den Städten war es laut, und ohne moderne Hygiene und Kanalisation stank es entsetzlich – alles Angriffe auf die Sinne. Individuelle Entfaltung war ein Fremdwort, Anpassung an Konventionen eine Selbstverständlichkeit. Wie viel hohe Sensibilität konnte man sich in diesen harten Zeiten wirklich leisten? Rückzug war nur im Kloster möglich oder im Leben als Geistlicher. Dafür haben Hochsensible die Begabung und die Neigung. Doch die Entscheidung über den Beruf oder die Verheiratung lag wohl nur selten beim Individuum selbst. Wer damals aus der Reihe tanzte, andere Dinge wahrnahm, zu anderen Anschauungen gelangte, geriet nur zu häufig in den Verdacht, Hexe oder Ketzer zu sein. Und so dürfte mancher Hochsensible auf dem Scheiterhaufen gelandet sein – so wie viele Hochsensible sich heute als Mobbing-Opfer wiederfinden.

Vom Öl zum Sand im Getriebe
Hochsensible nehmen anders wahr, denken anders, und wir arbeiten auch anders: Wir sind gewöhnlich anspruchsvoll und willig. Es geht uns mehr um die Qualität unserer Arbeit als um unsere eigenen Vorteile. Wir sind meist besonders umsichtig und weitblickend, nehmen wahr, was fehlt, spüren die Bedürfnisse von Kunden und Klienten, des Chefs und der Kollegen und können uns gut auf unser Gegenüber einstellen, denn wir lesen auch zwischen den Zeilen, hören das nicht Gesagte. Bei allem Eigenwillen sind wir anpassungsfähig und können flexibel auf Situationen und andere Menschen eingehen. Wir sind meist hilfsbereit

und selbstlos zupackend, wenn Not am Mann ist. Hervorragend ist auch unser oft stiller und zurückhaltender Beitrag zu einem guten Betriebsklima. Wir gleichen gern aus, sind rücksichtsvoll und muntern andere auf, doch sind wir selbst von einer guten Atmosphäre abhängig und leiden schnell unter den Spannungen anderer.

Eigene Selbstdarstellung und persönliche Eitelkeiten sind uns nicht wichtig, auch wenn eigene Fehler uns peinlich sind und uns noch viel zu lange nachgehen können. Konflikten weichen wir lieber aus, v.a. wenn es um die Durchsetzung unserer eigenen persönlichen Interessen geht. Kämpfen können wir eher, wenn es um die Durchsetzung hoher Ansprüche und um Werte geht wie Nachhaltigkeit, Gerechtigkeit und Qualität.

Die bis ins Detail gründliche Arbeit und ihr hoher Anspruch an unsere eigene Leistung haben zugleich auch ihre Schattenseite. Man muss uns Hochsensible davor bewahren, die Dinge zu gut machen zu wollen und Zusammenhänge einzubeziehen, die mit unserer Arbeit eigentlich längst nichts mehr zu tun haben. Zudem kommen all die oben genannten Qualitäten längst nicht bei allen Hochsensiblen zum Zuge. Diese guten Seiten tendieren nämlich dazu, in ihr genaues Gegenteil umzuschlagen: immer wenn die Belastungen zu groß geworden sind, wenn die Waage längst nicht mehr im Gleichgewicht ist, wenn der Hochsensible vergessen hat, für sich einzutreten, und er auch sonst versäumt hat, für einen Ausgleich zu Stress und Belastung zu sorgen. Mit der Überforderung machen sich zunehmend Symptome und Krankheiten breit. Viel zu spät – und nun vehement – fordert der Körper seine Beachtung.

Dann wirkt der Beitrag von Hochsensiblen nicht mehr als Schmieröl für ein reibungsloses Zusammenspiel der Kräfte am Arbeitsplatz, sondern nur noch als Sand im Getriebe. Dann verlieren die sonst so Umsichtigen den Überblick. Sie verlieren sich in Details. Die Verantwortung erdrückt diejenigen, die zu schwer daran tragen. Jetzt ist es der Hochsensible selbst, der die vielen Fehler macht und sein Pensum nicht mehr schafft. Die eigenen

Defizite können längst nicht mehr ausgeglichen werden. Die lange zurückgehaltenen Bedürfnisse machen sich unübersehbar bemerkbar. Jetzt bräuchte man selbst Unterstützung. Doch vielleicht hat man es nie gelernt, Hilfe anzunehmen, und wahrscheinlich ist jetzt auch niemand mehr da, der einem Rückhalt geben wollte und Rücksicht übt, denn es kann sein, dass man ziemlich unausstehlich geworden ist.

Dann ist die Flexibilität der Starrheit gewichen. Man stört das Arbeitsklima durch seine Gereiztheit. Man reagiert mimosenhaft, beißt um sich und hat jede Einfühlung in andere verloren, wenn man nicht längst schon resigniert hat. Die hohe Sensibilität ist umgeschlagen in Kälte und Rücksichtslosigkeit und macht sich nur noch als übersteigerte Empfindlichkeit bemerkbar. Man leidet noch mehr unter dem Widerspruch zwischen dem einstigen hohen Anspruch und der erdrückenden Wirklichkeit: So weit ist es dann mit einem Hochsensiblen gekommen, der an der Wand steht und nicht mehr kann. Dass er spätestens an diesem Punkt häufig zum Opfer von Abwertung, Ausgrenzung und Mobbing wird, muss kaum erwähnt werden.

DAGMAR, eine frühere Projektleiterin, die heute im Controlling arbeitet, erzählt: »Im Rückblick erscheint es mir so, als hätten mich meine Krankheit und die Kündigung von einem bösen Traum erlöst, in dem ich wie gebannt durch einen Zauber mir selbst fremd geworden war. Ich litt an meiner Arbeit und an mir selbst. Das Schlimmste war, dass ich mich und meine überzogenen Reaktionen selbst abgelehnt habe und ständig gegen meine eigenen Werte und Vorstellungen verstieß, als ich so gereizt und hässlich zu anderen war. Ich konnte mich selbst nicht mehr leiden. Heute frage ich mich, ob es mir nicht doch möglich gewesen wäre, auch ohne so viel Leiden zur Besinnung zu kommen.«

Bewusst arbeiten

Beim Arbeiten haben wir Hochsensiblen die Tendenz, es uns durch hohe Ansprüche, weite Vernetzungen und grundsätzliche

Überlegungen schwer zu machen. Bei kreativen und wissenschaftlichen Arbeiten kann das zu eigenständigen Ergebnissen führen und von Vorteil sein. Auf anderen Gebieten kostet diese Gründlichkeit meist zu viel Zeit. Wer nicht aufpasst, arbeitet zu langsam. Für Hochsensible ist es daher wichtig, bewusst zu arbeiten, damit wir uns nicht in unserer Arbeit verlieren. Konkret heißt das, vor dem Arbeiten innezuhalten, um sich auf die Aufgabenstellung zu konzentrieren, sie bewusst zu beschränken und den eigenen Anspruch einzugrenzen. Der zeitliche Aufwand für diese kurze Klärung lohnt sich, denn die Zeit dafür spart man am Ende um ein Vielfaches wieder ein. Ebenso lohnt es sich bei längeren Aufgaben, zwischendurch einmal mit innerem Abstand auf die »Landkarte« zu schauen, damit man auf der Fährte bleibt und Aufgabe und Ziel nicht aus den Augen verliert: Wo bin ich? Und wo will ich hin?

Wichtig ist es, die Aufgabe und die Anforderungen an sich selbst genau zu formulieren. Hochsensible neigen dazu, die Ansprüche an sich und an ihr Arbeitsergebnis in die Höhe zu schrauben und auszuweiten. Von dem Gefühl, gefordert zu sein, zum Gefühl der Überforderung ist es nicht weit. Die Reduktion und Begrenzung auf das Geforderte ist dann eine Erleichterung. Formulieren Sie also genau, welche Qualität erreicht werden soll.

Berufliche Neuorientierung
Viele Hochsensible verspüren nach einigen Berufsjahren den dringenden Wunsch nach einer beruflichen Neuorientierung. Dazu kann es kommen, wenn sie sich selbst bei ihrer Berufswahl zu wenig zugetraut hatten und nicht ihrer eigenen Neigung gefolgt sind. Häufig erscheint ihnen die berufliche Neuorientierung auch dann als notwendig, wenn sie mit ihrem Anspruch zu hoch gegriffen hatten und sich mit ihrer Art zu arbeiten nach einigen Jahren als gescheitert erleben und sich energetisch bis zur Erschöpfung verausgabt haben. Die Ursachen dafür werden nur

REFLEXION

Fragen zur Aufgabe
- Worum geht es hier?
- Was ist meine Aufgabe?
- Worauf kommt es dabei an?
- Was ist nicht mehr meine Aufgabe?
- Was begrenzt meinen Aufgabenbereich?

Fragen zur Arbeitsökonomie
- Wie kann ich die Aufgabe einfach und schnell lösen?
- Welche Lösungswege kenne ich bereits?
- Auf welche Routinen und welche Erfahrungen und Rezepte kann ich dabei zurückgreifen?
- Wie kann ich leicht und schnell, ohne große Anstrengung und Aufwand arbeiten?
- Wie kann ich es mir dabei angenehm machen?
- Kinder spielen Arbeit. Kann ich meine Arbeit spielen?
- Welchen Ausgleich zu meiner Arbeit kann ich mir in der Freizeit verschaffen?
- Arbeitsökonomie muss zugleich Arbeitsökologie sein! Wir selbst sind mit unserer Gesundheit und unserem Wohlergehen und unserem Entwicklungspotenzial unsere größte und oft einzige Ressource.

Fragen zum Anspruch an sich und an seine Arbeit
- Sind die Anforderungen (z.B. seitens des Vorgesetzten) klar für mich?
- Was kann ich selbst zur Klärung beitragen?
- Machen Sie sich Ihren eigenen vorhandenen Anspruch bewusst. Begrenzen Sie ihn so, dass Sie diesen Anspruch tatsächlich erfüllen können.

selten beim Umgang mit der eigenen Wahrnehmung und der Verarbeitung von Reizen und Informationen gesehen, auch nicht im Spannungsverhältnis zwischen den eigenen hohen Ansprüchen und der beruflichen Realität, sondern oft wird der Beruf selbst zur Ursache der Krise erklärt.

Eine solche Krise wird meist als Mangel an Sinn erlebt. Man glaubt, dass dieses Erleben von Sinnlosigkeit am ausgeübten Beruf liegt, und übersieht nur zu gern, dass es Sinn an sich nicht gibt, dass Sinn relativ ist und immer selbst konstruiert wird. Nur zu leicht vergisst man, dass einem derselbe Beruf zuvor als äußerst sinnvoll erschienen war. Der Mangel an Motivation und Sinn ist meist eine Folge der Verausgabung und Energielosigkeit, die man durch seine idealistische Einstellung zur Arbeit und durch mangelnde Arbeitsökonomie selbst bewirkt hat.

REGINE steckte in einer Krise. Ihre Probleme bei der Arbeit schob die junge Lehrerin nach der Lektüre eines Buches ganz auf die Sinnfrage und die Wahl ihres Berufs. Regine wollte den Beruf hinschmeißen und sich mit dem Erteilen von Nachhilfestunden irgendwie durchbringen. Einen Beruf, der mehr Sinn ergeben hätte und für den sie motiviert und begabt gewesen wäre, konnte sie jedoch nicht einmal nennen. Am Ende konnte die hochsensible Lehrerin in sechs Coaching-Sitzungen ihre berufliche Existenz retten.

> **ÜBUNG**
>
> Setzen Sie sich auf einen anderen Stuhl und betrachten Sie sich von dort aus selbst. Stellen Sie sich vor, die Person, die dort sitzt, wäre Ihre beste Freundin. Welche Ideen für einen besseren Energiehaushalt hätten Sie für sie? Wie könnte sie z.B. in ihrer Freizeit aktiv wieder mehr Energie aufbauen? Bei welchen Tätigkeiten könnte sie sich gut entspannen? Wie könnte sie mit weniger Energieaufwand mehr erreichen?

Zu beobachten ist, dass viele Hochsensible bei ihrer beruflichen Neuorientierung gewöhnlich noch höher greifen als bei ihrem ersten Beruf. Sie verstärken häufig den Anspruch an sich und an ihren Beruf, wenn sie Weltverbesserung oder Selbstverwirklichung anstreben. Damit erhöhen sie im Grunde nur den Einsatz in demselben Spiel aus Selbstüberforderung und Resignation, ohne dieses Muster zu durchschauen.

Oft zeigt sich, dass am Ende nicht der Beruf oder die Stelle gewechselt werden muss, sondern dass die Einstellung zur Arbeit, zu Kollegen und Vorgesetzten zu verändern ist. Auch wenn das häufig mit der Investition in ein Coaching und in Seminare verbunden ist, ist dieser Aufwand erheblich niedriger als die Folgekosten einer Kündigung, eines Arbeitsabbruchs, als die wirtschaftlichen Folgen von Arbeitslosigkeit oder einer beruflichen Neuorientierung.

Für Hochsensible ist es sogar noch wichtiger als für andere Menschen, ständig etwas für sich, für ihre berufliche und damit für ihre materielle Basis zu tun als für andere, weil sie angreifbarer und im Allgemeinen sozial weniger eingebunden sind als andere Menschen. Sie sind in Krisen häufig ganz auf sich selbst zurückgeworfen. Suchen Sie sich Unterstützung, die Ihnen guttut!

Zwischen Sehnsucht und Rückzug: Soziale Kontakte

Hohe Sensibilität ist durchaus nicht gleichzusetzen mit Introvertiertheit, mit der wesensmäßigen Tendenz zu persönlicher Zurückgezogenheit und der Ausrichtung des Interesses auf die eigene Innenwelt. Genauso wie es Hochsensible gibt, die introvertiert sind, gibt es auch extrovertierte Hochsensible, die kontaktfreudig sind und ihr Interesse nach außen richten.

Und selbstverständlich ist es offen, wie man mit einer Anlage umgeht und damit lebt. Ich bin vielen Hochsensiblen begegnet,

REFLEXION

Klärende Fragen beim Wunsch nach einem Berufswechsel
- Laufe ich hin auf ein konkretes Ziel oder laufe ich nur weg?
- Wenn Sie nur weglaufen sollten, dann gibt es mit Sicherheit noch etwas zu klären oder zu lernen. Sonst besteht die Gefahr, dass Sie beim nächsten Mal in eine ähnliche Situation geraten und sich die Krise wiederholt. Es ist meist ökonomischer, in der bestehenden Situation sich und seine Einstellung zu verändern – sofern das noch möglich ist.

Woran liegt es genau, dass Sie sich Veränderung wünschen?
- An der Arbeit selbst?
- An der Menge der Arbeit?
- Am Verhältnis zu den Kollegen?
- Am Verhältnis zu den Vorgesetzten?
- Am Verhältnis zu Kunden oder Klienten?
- An der eigenen fehlenden oder veränderten Motivation?
- An fehlender Anerkennung?
- An anderen Rahmenbedingungen?
- An den eigenen hohen Ansprüchen?
- An fehlendem Ausgleich außerhalb der Arbeitswelt?
- Am eigenen gesundheitlichen und energetischen Zustand?

Welche Möglichkeiten, die Situation zu verändern, haben Sie schon unternommen?
- Gibt es weitere Möglichkeiten, das Verhältnis zu verbessern?
- Haben Sie schon Gespräche zur Klärung geführt?
- Welche Hilfe von außen können Sie in Anspruch nehmen?
- Über welchen Rückhalt verfügen Sie außerhalb des Berufs?

die eigentlich extrovertiert waren, die jedoch ein Leben im Rückzug führten, weil sie nicht wussten, wie sie mit ihren Erfahrungen von Abwertung und Ausgrenzung umgehen und wie sie über Verletzungen hinwegkommen sollten.

Begabt für soziale Kontakte
In der Kommunikation kann sich die Begabung der hohen Sensibilität als ganz besonderer Vorteil erweisen, weil man vieles erahnen, Zwischentöne verstehen und sich gut in die Situation anderer hineinversetzen kann. Niemand spürt so genau, wie es dem anderen geht, wie ein Hochsensibler. Keiner kann ihn so gut verstehen. Wenn wir uns auch noch in die Lage des anderen hineinversetzen und uns dabei nicht zentrieren und uns nicht abgrenzen, laufen wir Gefahr, uns selbst in der Begegnung verloren zu gehen. Es kommt zur Vermengung mit dem anderen. Wer bin ich? Und wer ist der andere? Bin ich überhaupt noch da? Kann ich mich selbst noch spüren?

Wer als Hochsensibler nicht in der Lage ist, seine eigene Position zu wahren, läuft Gefahr, sich in alle möglichen Arten zwischenmenschlicher Verhältnisse und Missverhältnisse zu verstricken. Dann lassen wir uns ausnutzen, manipulieren und steuern, wir lassen uns in Intrigen hineinziehen, und je offener wir sind, desto leichter kann man uns verletzen. Ahnungslos können wir zu willfährigen Mitspielern in destruktiven Psychospielen werden.

Zwischen der Sehnsucht nach Verschmelzung und notwendiger Abgrenzung
Unser erstes Verhältnis im Leben war die Verbindung zu unserer Mutter. Im Mutterleib waren wir geschützt und rundum versorgt mit allem, was wir brauchten. Auch nach der Geburt blieben wir noch lange eng mit unserer Mutter verbunden. Wir alle tragen ein Bild vom vollständigen Einklang in uns. Und mancher ist sein

ganzes Leben auf der Suche nach der Verwirklichung dieser Vorstellung. Vielleicht liegt hier auch der Anstoß für unsere Suche nach Einheit und Transzendenz.

Die Welt da draußen sieht jedoch anders aus: Vielleicht stießen wir in unserer Familie bereits auf Rivalen um Aufmerksamkeit, Zuwendung und Liebe, auf Geschwister. Und auf den Spiel- und Fußballplätzen, im Kindergarten, der Schule und auf der Straße und mehr noch in Werkstätten und Büros begegnen wir anderen, die – selbst wenn sie uns freundlich gesonnen sind – zugleich auch Mitbewerber sind um Ansehen, Beliebtheit, um Aufstieg und Gehaltserhöhungen, um Positionen und Einfluss. Selbst in Freundschaften und in der Partnerschaft sind wir Konkurrenten im Wettlauf um Zuwendung, Energie und Einfluss.

Diejenigen, die ihre Selbstwahrnehmung geopfert haben, um so zu sein wie die anderen, sind in diesem Wettbewerb von vornherein benachteiligt. Sie nehmen sich selbst und ihre Bedürfnisse nicht wahr oder erst dann, wenn der Kuchen verteilt ist. Sie sind nicht zentriert und nehmen ihre eigene Position nicht ein. Kein Wunder, dass sie bei irdischen Verteilungskämpfen zu kurz kommen.

Je mehr sie im Wettbewerb aller gegen alle übergangen werden, je weniger sie sich behaupten, desto mehr lieben sie Harmonie und Einklang. Im Kontakt sehnen sie sich häufig nach jenem harmonischen Zustand der Einheit und Verschmelzung, den sie einst im Mutterleib erfahren haben. Diese Sehnsucht ist von vornherein zum Scheitern verurteilt. Sie werden immer wieder ins Leere greifen und sich selbst enttäuschen: Auch im Kontakt, mag er auch noch so eng und liebevoll sein, müssen wir unsere Position einnehmen, unsere Interessen wahren und uns behaupten, sonst verlieren wir nicht nur unseren berechtigten Anteil, sondern auch noch die Wertschätzung, den Respekt und die Zuneigung des anderen. Auch hier zeigt sich, wie wichtig die Selbst-Bewusst-Werdung ist: Von einem zentrierten Platz in uns selbst ist nicht nur ein klares Nein möglich, sondern ebenso ein vorbehaltloses Ja.

Typisch für HSP: Wenige und intensive Freundschaften
Die meisten Hochsensiblen haben eher wenige Freunde, diese Freundschaften sind jedoch oft sehr intensiv. Es reicht uns häufig, uns auf einen oder zwei Freunde zu konzentrieren. Das beginnt meist schon in der Kindheit. Hochsensible Kinder beschränken sich damit auf das ihnen zuträgliche Maß an Reizen. Zugleich können wir in diesen Kontakten die Intensität finden, die uns gemäß ist.

Eigentlich haben wir viel in die Waagschale zu werfen, wenn es um Freundschaft geht: Wer Freundschaft mit einem Hochsensiblen schließt, gewinnt einen Vertrauten, der hervorragend zuhören und sich gut einfühlen kann, der über Verständnis und Feingefühl verfügt und meist auch gern und selbstlos hilft.

Dennoch leben viele Hochsensible allein und bleiben lieber für sich, als im Kontakt mit anderen alte Erfahrungen, die sie nicht überwunden haben, zu wiederholen. Meist wissen sie nicht, wie sehr sie selbst dazu beitragen, dass Freundschaften nicht zustande kommen oder in einer Enttäuschung enden, denn viele von uns kennen nur zwei Möglichkeiten für Beziehungen: alles oder nichts. Wir geben uns ganz und gehen uns im intensiven Kontakt selbst verloren oder wir ziehen uns völlig zurück. Ein zu hoher Anspruch an uns und andere und an die Beziehung steht ausgewogenen Kontakten im Wege.

Wenn Sie mit Freundschaften häufig Probleme haben, kommt Ihnen dieses Szenario vielleicht bekannt vor. Dem Grad an Intensität und Tiefe in einer Begegnung, den Sie sich wünschen, sind andere oft nicht gewachsen. Ihr Gegenüber erlebt den Kontakt mit Ihnen häufig als zu anstrengend. Die anderen suchen erst dann den Kontakt zu Ihnen, wenn sie verstanden werden wollen, wenn sie sich aufbauen lassen möchten oder Hilfe brauchen. Dann erleben Sie sich möglicherweise wie in Ihrem Element. Es tut Ihnen gut, Resonanz aufzubauen, sich selbst damit zu bestätigen. Sie lieben die Intensität in den Gesprächen. Das alles bieten Sie selbst an. Bei so viel Anteilnahme verlieren Sie sich selbst und Ihre Bedürfnisse vermutlich leicht aus den Augen.

Hochsensible kommen nicht um die Aufgabe herum, auch in der Begegnung sie selbst zu sein und ihre eigene Position zu wahren – bei aller Freundschaft. Anstatt sich im anderen, seinen Bedürfnissen und Problemen zu verlieren, können Sie Ihr feines Gespür darauf verwenden, das Verhältnis in einem feinen und großzügigen Gleichgewicht zu halten. Damit tun Sie nicht nur etwas Gutes für sich selbst, Sie erweisen auch dem Freund einen wichtigen Dienst, denn nur dann ist die Freundschaft stabil, wenn sie in etwa ausgewogen ist. Auch das gehört zur Pflege von Kontakten.

NAVIT, eine Soziologiestudentin, erzählte mir diese Geschichte: »Während meine Freundin an ihrer Doktorarbeit saß, besprach sie alle Probleme mit mir und fand durch mein Zuhören und meine Fragen immer wieder zu guten Lösungen. Ich motivierte sie so, wie ich gern von anderen einmal verstanden und aufgebaut worden wäre. Als ihre Arbeit gedruckt war, legte sie mir ein Exemplar auf den Tisch. Enttäuscht las ich immer wieder die beiden Seiten mit den Danksagungen, das war der einzige Text, den ich noch nicht kannte. Ich konnte es einfach nicht glauben, dass unter den vielen Namen, die dort standen, meiner fehlte.

Zuerst war ich ganz verbittert. Natürlich war es nicht mehr so wie vorher – übrigens von beiden Seiten. Denn sie brauchte mich jetzt nicht mehr. Sie hatte eine andere Stufe erreicht. Doch dann erkannte ich, dass ich mich mit meiner Unterstützung ja immer selbst angeboten hatte. Ich hatte mich mehr um ihre Angelegenheiten gekümmert als um meine eigenen. Ich hatte mich eigentlich selbst im Stich gelassen.«

Wenn es durch Ungleichgewichte zu solchen Störungen einer Freundschaft kommt, verbieten Sie sich eins ein für allemal: den Kontaktabbruch! Menschen kann man nicht entrümpeln, man kann sich ihrer nicht entledigen. Ganz im Gegenteil: Die Präsenz von Menschen, die wir vergessen möchten, die wir vielleicht sogar gern aus unserem Adressbuch gestrichen hätten, wird durch unsere Ablehnung und unseren Widerstand nur noch stärker. Sie geistern auch nach Jahren eines vermeintlichen Bruchs noch durch unseren Kopf. Setzen Sie stattdessen Grenzen.

Niemand hat etwas von einem Kontaktabbruch. Weder kann dem anderen etwas bewusst werden, noch können wir selbst etwas aus der Situation lernen. Erst wenn wir einer solchen Situation standhalten, können wir das Problem lösen. Irgendwann können wir dem anderen vielleicht sogar dafür danken, dass er uns auf ein Defizit hingewiesen hat.

Kontakte im Gleichgewicht
Ein Grundprinzip zwischenmenschlicher Verhältnisse ist das Gleichgewicht. Oft ist der Ausgleich zwischen Geben und Nehmen gestört. Manchmal ist zu beobachten, wie derjenige, der vom anderen auch einmal etwas bekommen möchte, es mit einer kindlichen Taktik versucht: Er gibt noch mehr – in der Hoffnung, dann tatsächlich das Gewünschte zu erhalten! Auf diese Weise stört er das Gleichgewicht jedoch noch weiter – bis die Waage umkippt.

In einer Beziehung bestimmt immer derjenige die Intensität des Austausches, der weniger vom anderen möchte. Nach ihm richtet sich das Maß des Gebens und Nehmens und der Intensität. Mehr einzufordern wäre bereits die Ausübung von Druck. Der andere kann darauf nur mit Vergrößerung des Abstands reagieren, es sei denn, er zieht sich gleich ganz zurück.

> **REFLEXION**
> ■ Wie reagiere ich auf ein gestörtes Gleichgewicht?
> ■ Gebe ich noch mehr? Verstärke ich meine Anstrengungen?
> ■ Erhöhe ich meinen Anspruch an den anderen?
> ■ Gebe ich jetzt gar nichts mehr?
> ■ Ziehe ich mich ganz zurück oder breche ich sogar den Kontakt ab?
> ■ Reduziere ich das störende Zuviel? Stelle ich das Gleichgewicht wieder her?

> **ELTERN UND KINDER**
> Das Bild der Waage gilt selbstverständlich nicht für das Geben und Nehmen zwischen Eltern und Kindern! Doch auch hier können Eltern das Verhältnis dadurch stören, dass sie zu viel wollen oder geben. Fragen Sie sich: Woran richte ich mich aus? An meinen eigenen – vielleicht zu kurz gekommenen – Bedürfnissen und Vorstellungen oder an den Bedürfnissen und dem Wohl meines Kindes?

Das Gleichgewicht ist häufig auch dadurch gestört, dass einer der Beteiligten Schwierigkeiten hat, auch einmal etwas anzunehmen. Machen Sie die Probe: Wie fühlen Sie sich, wenn Sie ein Geschenk erhalten? Wie geht es Ihnen, wenn Sie einmal Hilfe annehmen müssen? Und wie, wenn Sie selbst um Hilfe bitten?

Eine andere Störung des Gleichgewichts besteht darin, dass man nicht erkennt, was der andere einem gibt oder überhaupt nur geben kann. Das Ergebnis kann im Extremfall sein: Beide geben etwas, doch keiner glaubt, etwas zu erhalten. Die offenen Rechnungen, die man dem anderen insgeheim vorhält, werden immer länger ... Und ebenso stauen sich die Gaben vor uns, die wir nicht erkennen und wertschätzen.

> **FÜR DAS GEBEN UND HELFEN GILT:**
> Alles, was ich einem anderen gebe, das gebe ich aus freien Stücken. Eigentlich gebe ich es für mich, weil ich möchte, dass die Welt so ist. Alles, was ich für einen anderen tue, mache ich eigentlich für mich, denn ich möchte, dass ich so bin. Dadurch halte ich meine Konzepte von der Welt und von mir selbst aufrecht. Zum Beispiel möchte ich mich als liebevoll, als großzügig erleben und bestätigen. Dann bin im Einklang mit meinen Werten. Diese Bestätigung vermittelt mir ein gutes Gefühl und setzt Energie frei. Was ich anderen gebe, gebe ich auch mir. Es macht daher keinen Sinn, anderen nachträglich Rechnungen zu schicken.

Herausforderung: Hochsensible und Partnerschaft

Attraktiv ist für uns gewöhnlich das, was uns fehlt. So kommt es, dass Hochsensible häufig wie von selbst Partner anziehen, die durchaus nicht so sensibel sind wie wir selbst. Daraus können sehr stabile Partnerschaften entstehen, in denen der eine den anderen ergänzt. Voraussetzung dafür ist ein konstruktiver Umgang miteinander, das Respektieren der Andersartigkeit und Toleranz auf beiden Seiten. Dann gewinnen beide Partner von den Begabungen, Fähigkeiten und Sichtweisen des anderen.

Wieder andere Partnerschaften beruhen darauf, dass wir Übereinstimmung und Gemeinsamkeiten in der Partnerschaft suchen. Manch Hochsensibler sehnt sich nach einem ebenso hochsensiblen Partner. Eine Gefahr besteht bei dieser Gemeinsamkeit darin, dass wir uns nicht entwickeln, weil es an Anstößen dazu fehlt. Vor allem, wenn man diesen Gleichklang aus dem Bedürfnis nach Harmonie sucht, kann das sogar dazu führen, dass man genau das Gegenteil bewirkt: Konflikte, die zu spät erkannt werden und mit denen man nicht gerechnet hat. Darum können Partnerschaften zwischen zwei Hochsensiblen am Ende weitaus weniger beständig sein als zwischen einem Hochsensiblen und einem weniger Sensiblen. Das gilt im Übrigen auch für Freundschaften und für alle Kontakte! Die Begegnung mit den anderen und mit ihren unterschiedlichen Sicht- und Lebensweisen und ihren uns fremden Erfahrungsfeldern ist ein Fenster zur Ganzheit und ermöglicht Entwicklung.

Zum Spiegel des Partners werden

Wir Hochsensiblen denken und fühlen uns häufig so in den Partner ein, dass wir uns manchmal ganz darüber vergessen und selbst zum Spiegel des Partners werden. Für den Partner mag der Zugewinn an Aufmerksamkeit, Fürsorge und damit auch an Energie zunächst bequem erscheinen, doch in Wirklichkeit stellt das auch einen Verlust dar. Er hat sein Gegenüber verloren, seinen Gegenpart. In Gesprächen hört er sein eigenes Echo, er begegnet seinen eigenen Gefühlen, und wenn er den anderen sucht, greift er ins Leere. Nicht jeder Mensch ist so auf sein Ego versessen, dass er sich mit dieser Art von Selbstbespiegelung zufrieden geben könnte. Und noch etwas ist verloren gegangen: die sexuelle Spannung. Es ist zu harmonisch, es gibt für einen Mann nichts mehr (immer wieder neu) zu erobern. Und für eine Frau ist es ebenso reizlos, sich von einem braven Trottel »erobern« zu lassen, der mehr oder weniger nur ausführt, was sie von ihm erwartet.

Partnerschaft lebt von Gemeinsamkeiten als Basis und von Gegensätzen als Spannung, damit Energie fließen kann und Entwicklung stattfindet. Darum wird die Selbstaufgabe im anderen durchaus nicht belohnt. Im Gegenteil: Das Leben wartet mit einer im Sinne von Leben und Entwicklung gerechten »Strafe« auf. Zum Verlust der eigenen Position kommt auch noch der Verlust des Partners hinzu. Der Partner wird – so im Stich gelassen – von einem spannungsreicheren Gegenüber angezogen, das Lebendigkeit und Herausforderung verspricht. Der oder die andere, die sich mehr oder weniger selbst aufgegeben haben, dürfen sich häufig noch weiter nützlich machen: als Haushälterin und Mutter der Kinder oder als Gehaltsempfänger, der für die materielle Grundausstattung sorgt, der Haus und Garten instand hält. Damit Hochsensible nicht in einer solchen tragenden Nebenrolle landen, heißt es wieder einmal: für sich selbst sorgen und die eigene Position einnehmen.

Ein gefährlicher Wunsch
Viele Hochsensible, die dadurch in ihrer Partnerschaft gescheitert sind, dass sie zum Spiegel des anderen wurden, träumen von einem ebenfalls hochsensiblen Partner. Doch was kann dabei herauskommen, wenn sie nichts aus ihrer Geschichte gelernt haben? Vielleicht treffen sie sogar auf einen Partner, der ebenfalls die Tendenz hat, sich im anderen zu verlieren? Dann spiegeln

sich zwei Spiegel ineinander, dann gleichen sich beide Partner aneinander an, obwohl es vielleicht nichts mehr gibt, an das man sich anpassen könnte. Sie greifen ins Leere.

Auch das gibt es: zwei Hochsensible, die ihre Empfindlichkeiten gegenseitig eskalieren lassen. Sie wissen besser als andere, wie man sich gegenseitig manipulieren und verletzen kann. Es ist sogar möglich, dass sie im anderen ihre eigenen ungeliebten Seiten bekämpfen.

Eher selten, aber durchaus möglich sind Partnerschaften von bewussten Hochsensiblen, in denen jeder seine Position einnimmt und vertritt, in der man sich bei aller Liebe und Gemeinsamkeit seinen eigenen Raum nimmt und sich abzugrenzen weiß und dasselbe dem Partner zugesteht. Das ist der beste Schutz davor, sich selbst verloren zu gehen oder den Partner zu vereinnahmen. Das verlangt Eigenständigkeit auf beiden Seiten, Verantwortung und Bewusstheit. Die Illusion von der Verschmelzung hat man aufgegeben, auch wenn sie sich manchmal als Geschenk ergeben kann. Im anderen sucht man nicht mehr den Seelenpartner, sondern findet im Partner den Gefährten, der einem bei aller Gemeinsamkeit durch sein Anderssein den Weg zu mehr Ganzheit ein wenig öffnet und dadurch Entwicklung ermöglicht. Partnerschaft ist dann auch ein Weg zu sich selbst.

BEA (48), die als Zahnarzthelferin arbeitet, erzählt: »Zuerst wollte ich meinen Mann ständig verändern. Ich wollte, dass er auch so sensibel wird wie ich. Heute bewundere ich ihn, dass er das ausgehalten hat. Stattdessen habe ich jetzt gelernt, mit meiner hohen Sensibilität besser umzugehen. Ich vermiese ihm nicht mehr den Spaß am Leben dadurch, dass ich mich zuerst an ihn anpasse, über meine Belastungsgrenze gehe und am Ende genervt bin und unleidlich werde. Komisch ist, dass ich jetzt öfter mit ihm ausgehe als früher, seitdem ich selbst auf mich aufpasse und er das respektiert. – Ohne ihn wäre meine Welt wohl immer enger geworden. Es ist schön, dass er anders ist als ich. Er ergänzt mich. Heute weiß ich das zu schätzen.«

Dosierte Nähe
Manche Partnerschaften wären stabiler, wenn die Hochsensiblen lernen würden, bei sich zu sein und von dort aus dem Partner zu begegnen. Dann können sie auch ihre Bedürfnisse spüren. Konkret heißt das z.B., schon im Vorfeld wahrzunehmen, dass Sie Rückzug brauchen oder dass Sie sich Ihrer Grenze nähern. Genügend Raum und ein eigenes Revier, vielleicht ein eigenes Zimmer, mag es auch noch so klein sein, sind gute Rahmenbedingungen.

REFLEXION

Den eigenen Nähe-Distanz-Bedürfnissen auf der Spur
- Wie viel Nähe ist gut für mich? Und wie viel Abstand brauche ich? Und wie viel Raum?
- Wie geht es dem anderen damit? Wie viel Nähe braucht er, wie viel Abstand und wie viel Raum, damit es auch ihm gut geht?
- Wie viel Gemeinsamkeit braucht jeder von uns? Wo liegt die optimale Distanz?
- Wann geht es beiden am besten? Wo liegt unsere gemeinsame Grenze, an der wir uns begegnen und manchmal auch reiben?

Jede Partnerschaft ist für einen Hochsensiblen eine große Herausforderung. Es geht darum, im Kontakt zum anderen zu sein, ohne dabei den Kontakt zu sich zu verlieren. Es geht darum, die eigenen Bedürfnisse rechtzeitig wahrzunehmen und für sie zu sorgen, ohne dabei ins Gegenteil zu verfallen und nur noch für sich und sein Ego einzutreten. Wir lernen, das Gleichgewicht zwischen uns und dem Partner zu halten, ohne dabei Kleinlichkeit aufkommen zu lassen oder ins Gegenteil zu verfallen, den Partner zu überfordern und ihn mit unserer Sensibilität zu beherrschen.

ANITA (52), die als Heilpraktikerin tätig ist, hat einen weiten Weg zurückgelegt: »Irgendwann wurde mir klar, dass ich zwar immer genau gespürt habe, wie es meinem Mann geht und was er braucht. Wenn er mich jedoch nach meinen Wünschen oder Vorstellungen fragte, musste ich mich erst einmal darauf besinnen, was manchmal ziemlich viel Zeit brauchte. Das war gar nicht so leicht für mich. Ich musste es erst lernen. – Da sah ich auf einmal auch, dass es früher so schön bequem gewesen war, mich einfach nach ihm zu richten. Und dann konnte ich ihm auch noch die Verantwortung dafür zuschieben, wenn ich zu kurz gekommen war mit meinen Bedürfnissen, die sich erst nachträglich zu melden pflegten, wenn es schon zu spät war.

Er ist nicht so sensibel wie ich und weiß immer, was gut für ihn ist und was er will. Er ist immer bei sich. Jetzt lerne ich genau das von ihm, was mich früher so oft aufgeregt hat und worauf ich eigentlich immer neidisch war.«

Sehnsucht nach dem »Seelenpartner«

Noch gefährlicher als zu hohe Erwartungen an einen Partner ist das Märchen vom Seelenpartner, von der totalen Verschmelzung mit einem anderen Menschen, der angeblich ganz mit einem übereinstimmt. Diese Vorstellung ist nicht nur schuld daran, dass es oft gar nicht erst dazu kommt, dass reale Menschen aus Fleisch und Blut zusammenfinden. Auf ihr Konto geht nicht selten auch das Scheitern bestehender Partnerschaften.

Vielfach ist unser Anspruch an Kontakte, Partnerschaften und Freundschaften für die meisten anderen Menschen zu hoch. Sie sind der Intensität der Gespräche oft nicht gewachsen. Sie weichen z.B. gerade dann aus, wenn der Hochsensible in ein Thema tiefer einsteigen möchte, oder sie verstehen nicht, dass es Sinn machen kann, etwas infrage zu stellen, das doch schon immer so war. Der Wunsch nach Intensität überfordert andere und wird oft enttäuscht.

Viele von uns haben zu oft schon ins Leere gegriffen und möchten nun gar nichts mehr. Fehlende Grenzen führen dazu, dass wir zum anderen zu großen Abstand halten, sodass wir ihm gar nicht wirklich begegnen, oder dass wir zu weit gehen. Noch komplizierter wird es, wenn ein Hochsensibler beides zugleich möchte: Wenn er Sehnsucht nach Nähe ausstrahlt und dabei zugleich auf die Notbremse tritt, weil er befürchtet, sich doch nur wieder zu verlieren und selbst aufgeben zu müssen. Lösen lässt sich dieser Konflikt erst dann, wenn wir uns zentrieren und auch in der Begegnung unsere eigene Position einnehmen und bei uns sind.

AFRA beschreibt ihren Weg so: »Ich habe immer diese Sehnsucht in mir. Manchmal tut das auch weh, doch es ist ein intensives Gefühl, so etwas wie Heimweh oder die Verbundenheit mit allem. Dadurch habe ich mich immer fremd gefühlt. Immer wieder richtete ich die Sehnsucht auf Partner, doch ich habe sie am Ende bloß wieder enttäuscht und im Stich gelassen. Ich wollte immer etwas anderes als das, was gerade da war. Das hat mich einsam und unzufrieden gemacht. Eigentlich war ich ziemlich unleidlich. Mittlerweile habe ich gelernt, dass ich diese Verbindung nicht verliere, wenn ich mich auf das Irdische einlasse und auf das konkrete Leben und auf einen ganz konkreten Menschen. Ganz im Gegenteil. Es ist wie mit einem Baum, der Wurzeln geschlagen hat und nun endlich höher wachsen kann.«

Spiritualität leben
Diese tiefe Sehnsucht, die viele von uns spüren, kann in zwischenmenschlichen Kontakten nicht auf Dauer befriedigt werden. Zwischen den Menschen stößt diese Sehnsucht nach Einheit und Ganzheit ins Leere oder auf Widerstand. Sie ist jedoch existent und will gelebt werden. Sie ist der Nährboden für Spiritualität, für die wir Hochsensiblen so empfänglich sind. Wenn diese Spiritualität gelebt wird und die Sehnsucht nach Harmonie und Vollkommenheit dorthin gerichtet wird, wohin sie eigentlich gehört, nämlich ins Transzendente, entlastet das die realen Kontakte zu anderen Menschen und macht sie oft erst wieder möglich.

Doch auch dann, wenn wir unsere Spiritualität und Religiosität leben, lauern Gefahren auf uns. Spiritualität ist der Versuch, sich mit der Ganzheit zu verbinden. Religionen sind die Versuche, der Spiritualität eine konkrete und soziale Form zu geben. Es ist unsere Sehnsucht nach Reinheit und Vollkommenheit, verbunden mit dem Blick für Defizite, Unzulänglichkeiten und Widersprüche, die uns empfänglich machen für lebensfremde Rigorosität in spirituellen Fragen, für Sektiererei und Scheinheiligkeit oder für den Rückzug in unverbindliche Privatreligionen.

REFLEXION
- Verbindet mich meine spirituelle Praxis mit der Ganzheit oder trenne ich mich dadurch eher von der Ganzheit ab, zu der auch die anderen Menschen gehören?
- Ist meine Spiritualität heimatlos und unkonkret?
- Kann sich meine Spiritualität überhaupt auf andere Menschen auswirken, sofern ich sie nur privat in meinem stillen Kämmerlein in meiner kleinen heilen Welt betreibe?
- Missbrauche ich meine Spiritualität vielleicht sogar, um mich besser und reiner zu fühlen als andere, um mich dadurch über sie zu erheben und mich von ihnen – und damit von der Ganzheit – abzutrennen?

Therapeutische Wege, therapeutische Abwege

Die Tatsache, dass die Psychologie das Phänomen der Hochsensibilität lange Zeit übersehen hat und teilweise immer noch ignoriert, führt auch heute noch dazu, dass vielen Hochsensiblen nicht nur der Zugang zu ihrem Wesen und die Erkenntnis ihrer Begabung vorenthalten wird, sie schädigt die Hochsensiblen auch noch darüber hinaus, wenn sie therapeutische Hilfe in Anspruch nehmen wollen.

Nicht nur, dass sie meist bei den von den Kassen anerkannten Therapien nicht die für sie passende Hilfe finden, nicht nur, dass häufig lediglich an den Folgen der andersartigen Reizaufnahme und Reizverarbeitung herumanalysiert oder -therapiert wird, sie werden in diesem System, das weniger vom konkreten Menschen ausgeht, sondern vom Raster von »Diagnosen«, konsequenterweise oft auch falsch diagnostiziert.

Womit hohe Sensibilität manchmal verwechselt wird

Die Rubrik »Hohe Sensibilität« fehlt in den üblichen Diagnosemanualen – vielleicht ist das sogar ein Glück für die Betroffenen! –, doch irgendwo muss man das Leiden an den Folgen der hohen Sensibilität ja im System der offiziellen Psychotherapie, der Kassen und ihrem Abrechnungswesen, in den Ordnungen des Lehrbuchwissens unterbringen. Also sucht man nach Schubladen, die etwas enthalten, was äußerlich ähnlich erscheint, und alles, was nicht in das Diagnoseschema passt, wird übersehen oder abgeschnitten, und was fehlt, wird ergänzt. Und so finden sich die Hilfe suchenden Hochsensiblen häufig in Schubladen mit den merkwürdigsten Aufschriften wieder.

Dabei können die Folgen einer nicht konstruktiv gelebten Hochsensibilität natürlich den »Symptomen« der unten aufgeführten Diagnosen ähneln – daher kommt es ja auch zu dieser Verwechslung. Die tiefer liegenden Ursachen sind jedoch ganz andere, und damit ist auch die Unterstützung, die einem Betroffenen von therapeutischer Seite aus nützen würde, anderer Natur. Werden Sie hellhörig, wenn Ihnen jemand eine der folgenden Diagnosen ausstellt.

Neurosen, Depressionen und Angststörungen

Das waren lange Zeit vielleicht die am weitesten verbreiteten Stempel, die Hochsensiblen aufgedrückt wurden, doch längst nicht die schlimmsten. Seminarteilnehmer, die bei mir gelernt haben, ihre Wahrnehmung und Reizverarbeitung selbst zu steuern, konnten u.a. auch die folgenden Diagnosen anführen, die sie im Laufe ihres Lebens erhalten hatten.

Emotionale Instabilität

Es liegt auf der Hand, dass sich unter den Menschen, die von »Emotionaler Instabilität« betroffen sind, viele Hochsensible wiederfinden. Ein Hochsensibler, der alle Reize und damit alles Leid ungefiltert aufnimmt, weil er noch nicht weiß, wie er Abstand zum Wahrgenommenen herstellen kann, und keine Wege kennt, sich zu zentrieren und sich abzugrenzen, der lässt sich schnell von wechselnden Gefühlen, die oft nicht einmal seine eigenen sind, beherrschen.

Co-Abhängigkeit

Ebenso ist leicht nachzuvollziehen, dass Hochsensible, die oft energetisch mehr beim anderen als bei sich selbst sind und sich rasch selbst verlieren in dem Bemühen, anderen zu helfen, sich schnell in eine Co-Abhängigkeit verstricken. Wenn der Partner z.B. ein Drogen-, Alkohol- oder Medikamentenproblem hat, wird der Hochsensible häufig zum Co-Abhängigen, der (ohne es zu wollen) die Abhängigkeit des Betroffenen erträglich macht und (ohne es zu durchschauen) dazu beiträgt, die Sucht aufrechtzuerhalten.

Süchte
Hinter mancher Sucht kann sich der Versuch verbergen, die eigene hohe Sensibilität zu dämpfen oder den Zwiespalt zwischen dem eigenen Anspruch und der ernüchternden Realität für einen kurzen Moment erträglicher zu machen. Und natürlich eskaliert die Sensibilität dann häufig mit dem Suchtverhalten. Manchmal sieht alles auch ganz bieder aus. Zum Beispiel können chronifizierte körperliche Beschwerden als Ausdruck der hohen Sensibilität mit der Abhängigkeit von medikamentöser Dämpfung einhergehen.

Autismus
Wenn ein Kind den Erwartungen an ein normgerechtes Kontaktverhalten nicht entspricht, kann ihm noch eine ganz andere Diagnose drohen: Eine hochsensible Mutter berichtete, dass man versucht hatte, ihren zehnjährigen ebenfalls hochsensiblen Sohn in die Schublade »Autismus« zu zwängen. Seiner Lehrerin war aufgefallen, dass er immer nur mit einem Freund Kontakt suchte und sich von anderen Kindern weitgehend fernhielt. Den diagnostischen Test an einem wissenschaftlichen Institut hätte man sich sparen können: Ein Autist wäre zu einem so intensiven Kontakt, den das Kind zu seinem Freund und zu seiner Familie pflegte, gar nicht in der Lage. Was dem Jungen als Schwäche angekreidet wurde, ist in Wirklichkeit seine Stärke: Mit der Beschränkung auf einen intensiven Kontakt außerhalb seiner Fami-

lie steuert er die Aufnahme von Reizen. Er begrenzt sich auf das Maß, das ihm zuträglich ist.

Borderline

Eine weitere Gefahr für Hochsensible besteht in der Diagnose Borderline-Persönlichkeitsstörung. »Borderline« taucht in unterschiedlichen Begriffskombinationen auf und offenbart das Dilemma einer diagnoseorientierten Psychotherapie und Psychiatrie: Wer nicht in die Schublade »schizophrene Psychose«, aber auch nicht in die Rubrik »seelisch gesund« passt, sich nicht in den Eimer mit den Persönlichkeitsstörungen oder in den Kasten mit den Neurosen einfügt, der gerät leicht in den dehnbaren Sack mit der Aufschrift Borderline. Betroffen von dieser Diagnose sind neben Hochsensiblen, die zugleich High Sensation Seekers sind, vor allem solche Hochsensible, die besonders wenig zentriert sind und mit ihren Grenzen nicht umgehen können und sich daher intensiv in innere und äußere Konflikte verstricken. Dadurch sind sie unstabil, besonders verletzbar, fühlen sich rasch überwältigt und reagieren heftig und impulsiv bis hin zur Selbstschädigung. Dass ihr Selbstwertgefühl schwankend ist, liegt auf der Hand.

ADS/ADHS

Zurzeit am meisten verbreitet und deshalb am gefährlichsten ist die »Diagnose« ADS (Aufmerksamkeits-Defizit-Störung) oder ADHS (Aufmerksamkeits-Defizit-Hyperaktivitäts-Störung) – Diagnosen, die in der Regel mit jahrelanger Verschreibung von Psychopharmaka verbunden sind. Eine Aufmerksamkeits-Defizit-Störung kann ganz unterschiedliche Ursachen haben: Überreizung durch Medienkonsum, die Unverträglichkeit von Lebensmittelzusatzstoffen, hoher Zuckerkonsum in Verbindung mit Bewegungsmangel, falsch gelernte Wahrnehmung durch Medien, systemische Verstrickungen in der Familie ebenso wie – selbstverständlich – hirnorganische Ursachen.

Die Aufmerksamkeitsstörungen können auch die hilflosen Versuche eines Kindes darstellen, sich der Vereinnahmung durch ein Elternteil zu entziehen. Es kann sich um einen Widerstand handeln gegen die Enteignung der Kindheit durch eine Gesellschaft, in der es nur noch um Leistung und Gewinnmaximierung geht. Doch für die Ursachen der sich immer weiter verbreitenden Aufmerksamkeitsstörungen scheinen sich die sonst so auf Kausalität erpichten Vertreter des Konzepts ADS/ADHS plötzlich gar nicht zu interessieren ...

Inzwischen wird die »Diagnose« ADS auch auf Erwachsene angewendet. Die Beschreibung der Symptome liest sich wie die Charakterisierung eines Hochsensiblen, der noch nicht gelernt hat, mit seiner Begabung umzugehen.

Wie Knoten entstehen

Hohe Sensibilität ist eine Begabung und nicht etwa eine psychische Störung. Hochsensibel zu sein bedeutet durchaus nicht, dass man an seiner Wesensart leiden muss. Ganz im Gegenteil: Denen, die mit ihrer besonderen Art der Reizaufnahme und Reizverarbeitung umzugehen wissen, steht eine größere Fülle an Glücksmöglichkeiten offen und eine größere Intensität beim Empfinden dieses Glücks.

Grundsätzlich können Hochsensible an allen seelischen Problemen leiden wie andere Menschen auch. Darüber hinaus gibt es jedoch spezielle Anfälligkeiten für bestimmte Probleme, die sich aus der besonderen Art der Wahrnehmung und aus dem Umgang mit ihr ergeben. Fehlende Annahme des eigenen Wesens und kindliche Anpassungsversuche schmälern die Entfaltungs- und Glücksmöglichkeiten. Ein soziales Klima, bei dem das Kind gezwungen ist, seine Aufmerksamkeit nach außen zu richten, erschwert die Entwicklung zusätzlich: Gewalt, unsichere Grenzen und unklare Regeln, seelischer Missbrauch und Vereinnahmung.

ADS ODER HSP? EINE FRAGE DES MENSCHENBILDES

Vielleicht fragen Sie sich jetzt, wie Sie ADS von hoher Sensibilität unterscheiden können, wo denn die Grenze liege. Genau genommen kann man das nicht, da hohe Sensibilität keine Störung ist, sondern eine Anlage, eine Begabung und Wesensart. Es handelt sich um unterschiedliche Kategorien. Man *ist* hochsensibel, ADS *hat* man.

Theoretisch könnte man hochsensibel sein und zugleich ADS haben – vorausgesetzt, man glaubt an das Konstrukt ADS. Genau genommen müsste man z.B. von einer Aufmerksamkeits-Defizit-Störung aufgrund fehlender Steuerung der Wahrnehmung sprechen oder z.B. von einer Aufmerksamkeits-Defizit-Störung aufgrund falscher Ernährung und fehlender Bewegung usw.

Das Konzept ADS als Sammelbegriff ähnlich erscheinender, aber unterschiedlich verursachter Störungen entspricht einem Menschenbild, das von Normen geprägt ist: wie ein Mensch bitteschön zu sein hat, ob sein Leistungsverhalten der Norm entspricht, die v.a. von Verwertungsinteressen geprägt ist. Wer diese Vorgaben nicht erfüllt, wird medikamentös angepasst.

Ganz anders die hohe Sensibilität: Sie geht phänomenologisch aus von der Wahrnehmung und der Respektierung der Wesensart konkreter Menschen. Hohe Sensibilität ist erblich, man ist mit dieser Gabe und Wesensart auf die Welt gekommen, man hat sie von Anfang an. Nach diesem Konzept geht es nicht darum, einer Norm zu gehorchen, sondern darum, seinem Wesen gemäß zu leben und sich und seine Gaben bestmöglich zum Wohle aller zu entfalten. Dieser Weg, der zu werden, als der man gemeint ist, ist zugleich ein Bewusstseinsprozess.

Wer die Wahrnehmung seines Körpers übergeht, um sich anzupassen, verliert den Kontakt zu seinem Körper und damit seine Selbstzentrierung, das Gespür für seine Kraft und für seine Grenzen. Deshalb besteht die Tendenz, sich selbst zu über- oder zu unterschätzen. Man überfordert sich oder bleibt hinter seinen Möglichkeiten zurück. Dementsprechend ist der Selbstwert labil. Mit seinem Körper verliert man auch die Fähigkeit, die Stimmigkeit seiner Gedanken zu überprüfen, zu klaren Ergebnissen zu kommen und sein Denken zu begrenzen. Dadurch kann sich der eigene Kopf verselbständigen, er kann sich durch sein Denken sogar selbst seine Probleme kreieren.

Konzepte von der eigenen Schwäche und von einer gefährlichen Welt
Ein Hochsensibler, der sich schon in seiner frühen Kindheit von den vielen Reizen dort draußen hat überwältigen lassen, bildet die entsprechenden Konzepte aus, nach denen er selbst schwach ist und die Welt gefährlich. Wie alle tief verankerten Programme haben solche inneren Bilder das Bestreben, sich zu bewahrheiten. Sie wirken als Filter für die Wahrnehmung, sodass nur die Reize ausgewählt und verstärkt werden, die dieses Bild von sich und der Welt bestätigen. Solche aus der kindlichen Angst geborenen Konzepte können sich verselbständigen und das Leben zunehmend einschränken. Die Angst bewirkt Anspannung, Abwehr oder Rückzug. Diese Haltung lässt wiederum die Welt als noch gefährlicher erscheinen, sodass man noch stärker darauf reagiert und damit die Angst noch weiter erhöht. Darum können viele Hochsensible von Ängsten berichten, die ihnen selbst als überzogen erscheinen. Da Konzepte von eigener Schwäche und einer überwältigenden Welt auch dazu führen, die eigene Entfaltung zu hemmen, lassen viele Hochsensible ihre Energie nicht fließen, Depressionen können die Folge sein.

Schutzmechanismen aus der Kindheit

Aus dem Konzept seiner eigenen Schwäche und einer gefährlichen Welt macht sich das Kind auch gedanklich seinen Reim. Es entwickelt Strategien, die helfen sollen, mit dieser Lage umzugehen. »Ich bin klein und schwach, die Welt da draußen bedrohlich. Wie schütze ich mich so, dass ich unversehrt am Leben bleibe?« Eine Methode könnte z.B. darin bestehen, sich noch kleiner zu machen, in der Hoffnung, dann nicht angegriffen zu werden. Eine andere Strategie könnte darauf setzen, sich immer nach der stärksten Person zu richten und sich ihr von vornherein zu unterwerfen. Ebenso gibt es Strategien, mit denen das Kind versucht, sich komplizierten Eltern und anderen Erwachsenen anzupassen, um mit ihnen klarzukommen.

In der Kindheit mögen diese Lösungsversuche mit ihrer kindlichen Logik noch zu annehmbaren Ergebnissen geführt haben, in späteren Jahren verkehren sie sich oft in ihr Gegenteil. Sie sind jedoch bereits tief eingespurt und laufen nun ganz von selbst ab. Man macht sich klein und zieht noch mehr Angriffe an. Man unterwirft sich – und wird durchaus nicht in Ruhe gelassen. Man glaubt, mit Bescheidenheit etwas erreichen zu können, und bewirkt am Ende damit doch nur seinen eigenen Misserfolg ...

Ein Grundkonflikt aus Überforderung und Unterforderung

Wenn ein Hochsensibler die Wahrnehmung seines Körpers übergeht, um nicht zu stören, und sich anpasst, dann kann er auch nicht erkennen, wie stark oder wie schwach er ist und wo seine Grenzen liegen. Zugleich haben Hochsensible eine Sehnsucht nach Vollkommenheit. Wenn beide Faktoren zusammenkommen, kann sich daraus ein eskalierendes System aus Überforderung und Unterforderung entwickeln. Beide Seiten verstärken sich gegenseitig. Sie binden Energie, ohne dass es durch Ergebnisse zu einem Rückfluss an Energie kommt. Das führt zu Energiemangel und Depressionen, im Extremfall zum Burn-out.

Soziale Ängste – Folgen von Ausgrenzung
Trotz oder gerade wegen der Versuche, sich an andere anzupassen, werden Hochsensible oft schon in der Kindheit ausgegrenzt und stigmatisiert. Das hinterlässt tiefe Spuren, die bis hin zur Traumatisierung führen können. Ausgrenzung wird als Lebensbedrohung erfahren. In der frühen Geschichte der Menschheit kam die Ausgrenzung aus der Gruppe einer Todesstrafe gleich. Die Angst davor und die Tendenz zu blinder Anpassung sind tief in uns verankert. Wer Ausgrenzung erfahren hat, ist danach nicht mehr derselbe. Die eigene Angst und Anspannung im Kontakt bewirken oft eine Wiederholung von Abwertung und Ausgrenzung. Und das wiederum verstärkt soziale Ängste, Schüchternheit und bewirkt im Extremfall soziale Phobien.

Systemische Verstrickungen
Hochsensible sind schon als Kinder offen für alle Arten von systemischen Verstrickungen. Sie nehmen mehr wahr als andere, hören Ungesagtes und spüren Unstimmigkeiten. Oft übernehmen sie Opferrollen, stehen selbst zurück, um Ungerechtigkeiten auszugleichen oder solidarisch zu sein mit den Benachteiligten. Sie leiden mit, auch wenn dieses Opfer keinem hilft, und erschaffen sich so häufig selbst ihr eigenes Leid.

Wenn Sie sich auf diesen letzten Seiten wiederfinden, bitte scheuen Sie sich nicht, sich kompetente Unterstützung zu holen. Auch wenn manche therapeutische Richtungen für Hochsensible nicht oder nur bedingt geeignet sind, so gibt es doch sehr gute Wege, um sich aus dem inneren Gefängnis zu befreien, in dem Selbstabwertung, Depression oder Angstzustände uns halten. Sie sind es wert, ein glückliches Leben zu führen, und Sie dürfen sich Hilfe gönnen!
Mehr dazu lesen Sie im folgenden Abschnitt.

Die Knoten lösen

Nicht alle Therapien eignen sich für Hochsensible. Wenn die Sitzungen dazu führen, dass sich der Klient noch mehr im Grübeln, Analysieren und Interpretieren verliert, könnte die Therapie nur eine Fortsetzung dessen sein, was ein Hochsensibler gewöhnlich schon selbst zur Genüge betreibt. Er verstrickt sich auf der Suche nach sich selbst noch mehr in Denkprozesse und verliert sich doch nur dabei.

Manche meiner Klienten hatten zuvor Erfahrungen mit der Verhaltenstherapie. Sie berichteten, dass sie zuerst ins Handeln kamen oder soziale Ängste überwinden konnten. Wenn das eigene Muster aus Anpassung und Selbstüberforderung dabei jedoch übersehen wird, dann bestärkt das häufig die überfordernde Seite, was zur Eskalation des inneren Konfliktes führen kann. Sprechen Sie also Ihre Hochsensibilität und die damit einhergehenden problematischen Muster immer an, damit die Therapie nicht zu einer weiteren Wiederholung Ihrer eigenen eingefahrenen Anpassungsversuche wird.

Andere Klienten hatten sich zuvor Gesprächstherapien unterzogen. Hochsensiblen fällt es jedoch ganz besonders leicht, sich dem Denken ihres Gegenübers anzupassen. Gar zu oft reproduzieren sie die Denkweise des Therapeuten. Auch ist es ja gerade das Denken, das über ihre Wahrnehmung des Körpers hinweggeht, ihr Dilemma bewirkt und verstärkt.

Das äußere und das innere System

Gerade für Hochsensible sind Therapien hilfreich, die innere Konflikte und Komplikationen klären und ihr weiteres Eskalieren verhindern. Dadurch werden innere Spannungen und Verstrickungen mit der Umwelt reduziert, die gefährlichen Dauerstress, Ängste, Energiemangel und Depressionen bewirken.

Ich arbeite, wenn es um äußere Verstrickungen geht, gern mit systemischen Aufstellungen, die übrigens nicht gleichzusetzen sind mit den verbreiteten Familienaufstellungen nach Bert Hellinger. Es gibt andere, oft sehr viel einfachere Formen von Aufstellungen, die für spezielle Fragestellungen besser passen und zu genaueren Ergebnissen führen. Darüber hinaus lassen sie sich sehr gut in Einzelsitzungen anwenden (siehe auch Literaturhinweise).

Noch wichtiger, als das äußere soziale System zu klären, ist es meist, das innere System eines Klienten zu ordnen. Wie wirken seine einzelnen Seiten zusammen? Welche Dynamiken sind aktiv, dass sich daraus sein Problem aufbauen, sich erhalten und eskalieren kann? Und was muss der Klient daran verändern, um stattdessen ein erwünschtes Resultat zu erhalten? Wie z.B. wirken die überfordernde Seite und die unterfordernde Seite so zusammen, dass ein Klient am Wochenende regelmäßig seine Symptome bekommt, kränkelt und sich schonen muss? Und wie könnte er diesen Ablauf anders steuern?

Arbeit mit inneren Teilen
In jedem von uns wirken unterschiedliche »Teilpersönlichkeiten«, »Seiten« oder »Teile«. Das hat nichts mit einer multiplen Persönlichkeitsstörung zu tun, sondern das kennen Sie sicher von sich selbst. In manchen Situationen agieren wir anders als gewohnt – eine bestimmte Seite wird sichtbar, die man sonst nicht so bemerkt. Bei manchen Menschen kommt beispielsweise im Kontakt mit Kindern ihre verspielte Seite zum Vorschein; oder: Wenn er eine Frau ansprechen will, wird aus einem eigentlich souveränen Mann plötzlich ein stotternder Jüngling; oder: Die Anwesenheit der ständig nörgelnden Schwiegermutter verwandelt die sonst gelassene Frau in ein genervtes Wrack. Vielen von uns ist auch Goethes Ausspruch von den »zwei Seelen in unserer Brust« vertraut. Dann sagen wir: »Eigentlich möchte ich ja ..., aber ein anderer Teil in mir ...«

Selbstverständlich gibt es weder Seiten noch Teile in uns, sondern nur unterschiedliche Verarbeitungsmuster in unserem Gehirn, unterschiedliche Synapsen und Kombinationen mit wieder anderen Synapsen. Klingt ein Thema an, dann treten die entsprechenden Verbindungen ganz von selbst in Aktion und arbeiten nach ihren eingespurten Gewohnheiten. Und jedes Mal denkt man nicht nur so, sondern man fühlt sich so und verhält sich dementsprechend. Man ist jedes Mal ein anderer – je nachdem, in welche »Bahnen« man geraten ist. Von »Teilen« zu sprechen, macht diese Mechanismen jedoch anschaulicher.

Manche »Teile« in uns machen sich störend bemerkbar, z.B. weil wir uns in bestimmten Situationen nicht angemessen verhalten oder weil wir vielleicht sogar selbst das Gegenteil von dem bewirken, was wir angestrebt hatten. Das geschieht dann, wenn »Teile« nicht mitgewachsen und in den Reaktionsmustern stecken geblieben sind, die in der Kindheit einmal hilfreich waren, uns jetzt jedoch Schwierigkeiten bereiten. Sie sind mit unseren erwachsenen und steuernden Verarbeitungsmustern nicht mehr verbunden und führen ein Eigenleben in unserem Kopf. Und sehr oft beherrschen sie uns.

Zum Beispiel können kindliche Schutzmechanismen sich gerade dann »einschalten«, wenn man in eine unsichere Situation gerät. Vorhandene Angst wird dadurch noch weiter verstärkt. Oder die Seite in uns, die das Konzept »Ich bin klein und schwach« vertritt, übernimmt ausgerechnet immer dann die Regie über uns, wenn wir vor eine berufliche Herausforderung gestellt sind, die wir doch eigentlich »bei Lichte besehen« meistern könnten.

In der Arbeit mit dem inneren System lernt der Klient solche störenden Seiten kennen. Das Verhältnis zwischen ihren guten Absichten und den ungünstigen Auswirkungen dieser Anteile wird überprüft. Sie werden in die bewusste Persönlichkeit integriert. Dadurch beherrschen sie uns nicht mehr als Selbstläufer. Sie können neu auf konstruktive Absichten und Ziele ausgerichtet werden, sodass sie der Entfaltung dienen. (Wer diese Mechanismen in sich besser verstehen möchte, dem sei als erster Schritt das Buch *Reisen in die Innenwelt* von Tom Holmes empfohlen, der überaus einfühlsam und sehr leicht verständlich zeigt, wie wir konstruktiv mit inneren Teilen umgehen können. Therapeutische Richtungen, die mit dem inneren System arbeiten, sind u.a. die Ego State Therapie, die IFS-Therapie – Therapie mit dem Inneren-Familien-System – und der Voice-Dialogue-Ansatz.)

HOCHSENSIBLE NEIGEN GANZ BESONDERS ZUR AUSBILDUNG VON TEILPERSÖNLICHKEITEN

Die Arbeit mit inneren Teilen ist für Hochsensible deshalb so geeignet, weil viele von ihnen durch das Übergehen der Selbstwahrnehmung ihre Zentrierung verloren und stärker als andere Menschen Teilpersönlichkeiten ausgebildet haben.

Hochsensible passen sich zunächst stärker an ihr Umfeld an und entdecken ihre Bedürfnisse und Interessen meist mit Verspätung. Zunächst erleben sie die Welt und sich selbst aus der Perspektive der anderen. In Gegenwart einer wichtigen anderen Person aus seiner Umgebung nimmt z.B. ein hochsensibles Kind seine Umwelt so wahr wie diese Person: Es denkt, fühlt und handelt wie sie – ganz von selbst. Das ist nur möglich durch die Ausbildung eines Teils, der eine Kopie dieser Person aus der Sichtweise des Kindes darstellt. Sobald es merkt, dass es dadurch nicht es selbst ist, bildet es einen anderen Teil aus, der zum Gegenspieler dieses Teils wird. Beide Seiten widersprechen sich: Das sind die sprichwörtlichen »zwei Seelen in meiner Brust«.

Die inneren Konflikte potenzieren sich dadurch, dass es noch weitere Anteile und wichtige Personen gibt, die auf das Kind »abfärben« und in ihm mit ihren entsprechenden inneren Teilen präsent sind. Diese Anteile und Personen können wiederum in Konflikten miteinander liegen. – Das Bewusstmachen und Integrieren dieser Anteile verringert innere Spannungen und Dauerstress und ermöglicht die Ausbildung einer zentrierten Persönlichkeit.

Hohe Sensibilität: Ein ständiger Anstoß für die eigene Entwicklung

Für viele Hochsensible führt allein schon die Erkenntnis, hochsensibel zu sein, zu einem erleichterten Aufatmen. Wir sind also nicht verkorkst, sondern nur ein wenig anders. Und wir sind mit unserer Besonderheit nicht allein auf der Welt. Es gibt noch andere, die wir vielleicht nur deshalb nicht als hochsensibel erkannt hatten, weil auch sie wahre Meister der Anpassung sind. Und manche Hochsensiblen haben wir vielleicht sogar völlig verkannt und für ganz unsensibel gehalten, weil sie uns nur dann besonders auffielen, wenn sie wieder einmal ihre eigenen Grenzen überschritten, gereizt reagiert und sich entsprechend unsensibel verhalten hatten.

Fallstricke auf dem Weg

Nach der Erkenntnis, hochsensibel zu sein, können wir uns selbst besser verstehen – eine gute Voraussetzung dafür, uns selbst endlich so anzunehmen, wie wir sind. Doch auch nach dieser Erkenntnis liegen auf unserem Lebensweg Hindernisse. Es gibt Steine, über die man leicht stolpern kann, und wer den Irrlichtern folgt, findet sich manchmal in einem Sumpf wieder. Vorher hatten sich viele von uns in der Anpassung verfangen, hatten sich von unbewussten Wahrnehmungsmustern überwältigen und ängstigen lassen, sich selbst dabei verloren und ihre Grenzen missachtet.

Nach der Erkenntnis, hochsensibel zu sein, können wir darüber stolpern, unsere Hochsensibilität als Entschuldigung und Rechtfertigung für eigenes Unvermögen und die eigene Bequemlichkeit im Denken und Handeln zu missbrauchen. Ein anderer verirrt sich darin, seine Umwelt jetzt noch besser beherrschen zu wollen, und macht sich mit dem Hinweis auf seine hohe Sensibilität unangreifbar. Es gibt Hochsensible, die in die Falle gehen, sich als etwas Besseres zu dünken als andere und sich z.B. zum »Berater des Königs« berufen fühlen oder sich gar als »Boten des Kosmos« empfinden, obwohl ihre Weisheit häufig für das eigene Überleben im Alltag kaum reicht. Es gibt Hochsensible, die sich nur noch mit ihrer Hochsensibilität identifizieren, so als gehörten sie damit zu einer ganz anderen Menschengattung. Dabei bemerken sie nicht einmal, dass sie auch noch über andere Seiten und Wesenszüge verfügen, und ignorieren, dass sie sich bei Überreizung absolut nicht sensibel verhalten. Es gibt die Hochsensiblen, die sich nun noch mehr in Watte packen, die sie vor der Welt schützen soll. Manche glauben sogar, in ausschließlichen Kontakten mit anderen Hochsensiblen in kleinen Zirkeln eine heile Welt zu finden, um am Ende erkennen zu müssen, dass sie sich getäuscht hatten ...

Unsere Wahrnehmung können wir alten Gewohnheiten überlassen oder wir können sie bewusst steuern. Der aktive Umgang mit der Wahrnehmung entscheidet darüber, ob wir uns von Reizen überwältigen lassen oder ob wir den Überblick behalten, und sogar darüber, wie stark wir leiden oder Freude empfinden.

Vom Manko zum Plus

Hochsensible nehmen mehr und intensiver wahr als andere. Ich möchte nicht auf diese Vorzüge in meinem Leben verzichten: nicht auf den weiteren und tieferen Blick auf die Welt, nicht auf die größere Intensität des Erlebens und die weitere Vernetzung bei der Verarbeitung der aufgenommenen Reize. All das bedeutet für mich inneren Reichtum. Ebenso wie man mit hoher Sensibilität intensiver leiden kann, kann man mit ihr auch besonders tief Freude empfinden und intensiv Glück erleben. Doch ich gebe zu, dass man einen gewissen Aufwand treiben muss, wenn sich die Hochsensibilität als Vorteil auswirken soll.

Erst wenn wir unser Wesen annehmen, es wertschätzen, erst wenn wir die Verantwortung für die Steuerung und Dosierung unserer Wahrnehmung und für die Verarbeitung der Reize und Informationen selbst übernehmen, erst dann kann unsere Anlage zum Segen werden.

Wir kommen nicht um die Entscheidung herum, wie wir mit unserer Begabung umgehen wollen. Immer wieder stehen wir vor der Wahl, zu leiden oder bewusst zu leben und unser Bewusstsein zu entwickeln. Und das in jedem Augenblick. Doch dann werden wir reichlich belohnt: War die Hochsensibilität zuvor oft ein Manko für uns, so wird sie nun zum Plus, das unser Leben und auch das Leben der anderen bereichert!

Danksagung

Danken möchte ich allen, die dazu beigetragen haben, dass Sie als Leser dieses Buch jetzt in Ihren Händen halten. Besonderer Dank gilt Dagmar Olzog, Leiterin des Programmbereichs Psychologie und Pädagogik des Kösel-Verlags, für die Einladung zum Buchprojekt zum genau passenden Zeitpunkt. Danken möchte ich auch Heike Mayer, meiner Lektorin und engagierten Verbündeten im Kampf um Klarheit, Knappheit und Verständlichkeit, für wertvolle Anregungen zu mutigen Umstellungen, zu beherzten Kürzungen und für die gute Zusammenarbeit.

Buchempfehlungen

Vorläufer
Ernst Kretschmer: *Medizinische Psychologie*, Stuttgart 1922
Eduard Schweingruber: *Der sensible Mensch*, Zürich 1934

Literatur von Elaine N. Aron
The Highly Sensitive Person, New York 1996. Deutsche Ausgabe: *Sind Sie hochsensibel? Wie Sie Ihre Empfindsamkeit erkennen, verstehen und nutzen*, München 2005
The Highly Sensitive Person's Workbook, New York 1999
The Highly Sensitive Person in Love, New York 2000. Deutsche Ausgabe: *Hochsensibilität in der Liebe*, München 2006
The Highly Sensitive Child, New York 2006. Deutsche Ausgabe: *Das hochsensible Kind*, München 2008

Weitere Literatur zum Thema (Auswahl)
Andrea Brackmann: *Jenseits der Norm - hochbegabt und hochsensibel?* Stuttgart 2007
Julie Leuze: *Empfindsam erziehen. Tipps für die ersten 10 Lebensjahre des hochsensiblen Kindes*, Wien 2010
Georg Parlow: *Zart besaitet. Selbstverständnis, Selbstachtung und Selbsthilfe für hochempfindliche Menschen*, Wien 2003
Rolf Sellin: *Bis hierher und nicht weiter. Wie Sie sich zentrieren, Grenzen setzen und gut für sich sorgen*, München 2014

Außerdem empfohlen
Eugene T. Gendlin: *Focusing. Technik der Selbsthilfe bei der Lösung persönlicher Probleme*, Reinbek 1998
Tom Holmes: *Reisen in die Innenwelt. Systemische Arbeit mit inneren Persönlichkeitsanteilen*, München 2013 (leicht verständliche Einführung in die Arbeit mit inneren Teilen)
Jesper Juul: *Was Familien trägt. Werte in Erziehung und Partnerschaft*, München 2006 (Hinweise, wie eine gleichwürdige Erziehung zwischen Eltern und Kindern gelingen kann)
Jesper Juul: *Die kompetente Familie. Neue Wege in der Erziehung*, München 2007
Jerome Kagan: *The Temperamental Thread. How Genes, Culture, Time, und Luck Make Us Who We Are*, New York 2010 (beschreibt u.a. die Gruppe der sog. »high reactors«, der hochreaktiven Menschen)
Peter A. Levine: *Vom Trauma befreien. Wie Sie seelische und körperliche Blockaden lösen*, München 2007 (mit CD, enthält praktische Übungen zum Erspüren eigener Grenzen, zu Erdung und Zentrierung)
Jochen Peichl: *Jedes Ich ist viele Teile. Die inneren Selbst-Anteile als Ressource nützen*, München 2010 (besonders geeignet für den Umgang mit frühen Traumatisierungen)
Bertold Ulsamer: *Wie Sie alte Wunden allein heilen und neue Kraft schöpfen. Familienaufstellung ohne Stellvertreter* (Selbsthilfebuch mit CD)
Paul Watzlawick: *Wie wirklich ist die Wirklichkeit*, München 1976
Artho Wittemann: *Die Intelligenz der Psyche. Wie wir ihrer verborgenen Ordnung auf die Spur kommen*, München 2000 (Grundlagenwerk über die Arbeit mit inneren Teilen)

Weiterführende Hinweise

Links
www.hsp-institut.de
www.hochsensibel.org
www.empfindsam.de
www.hochsensibilitaet.ch
www.zartbesaitet.at

Kontakt zum Autor
www.hsp-institut.de, info@hsp-institut.de

So gelingt Abgrenzung

Erfolgreiche Abgrenzung will geübt sein, und dafür bietet dieses Buch konkrete Methoden, die funktionieren: auf gedanklicher, kommunikativer, körperlicher und besonders auf energetischer Ebene. Mit Test zur Selbsteinschätzung und vielen Praxisanregungen.

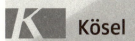

www.koesel.de

Hochsensibilität ist ein Geschenk

Hochsensible Kinder erleben die Welt intensiver und brauchen gezielte Unterstützung, um sich respektiert und angenommen zu fühlen. Rolf Sellin zeigt Eltern, Erziehern und Lehrern, wie sie auf die speziellen Bedürfnisse hochsensibler Kinder eingehen können.

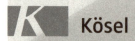

www.koesel.de